KB061075

하루 5분 국민 영어과외
김영철·타일러의
진짜 미국식 영어 3

하루 5분 국민 영어과외

김영철 · 타일러의 3 진짜 미국식 영어

김영철, 타일러 지음

위즈덤하우스

시작하며

《김영철·타일러의 진짜 미국식 영어》 2권이 나올 때도 잘 믿기지가 않았는데 벌써 3권이에요! '진짜 미국식 영어'를 진행한 지도 거의 3년이고요. 살면서 이렇게 길게 무언가를 꾸준히 해온 것도 드문 듯하네요.

이 책을 보시는 분들은 이제 다 아시겠지만, '진·미·영'은 〈김영철의 파워FM〉 라디오 코너예요. 처음에는 '비정상 영어'로 시작했는데, 제가 자꾸 콩글리쉬 스타일로 영어에 접근하고 있더라고요. 그래서 결국 타일러가 알려주는 진짜 미국식 영어로 코너를 급전환하게 되었지요.

코너를 오래 유지하는 비결이요? 우선은 제가 너무 재밌어요. 처음보다는 많이 늘었지만 여전히 새로운 표현들을 정말 많이 배우고 있어요. 가끔 정답을 맞추는 맛도 있어서 그런지 여전히 제겐 꿀잼이에요! 아, 꿀잼은 영어로 뭔지 타일러에게 물어봐야겠어요! Hahaha.

이번 《김영철·타일러의 진짜 미국식 영어》 3권은 재미도, 꿀팁도 배가 됐어요. 많은 분들이 제가 뭘로 영어 공부를 하는지 궁금해 하셨는데요. 이번 책에 특별히 저만의 영어 공부 추천 리스트를 담았거든요. 그리고 명대사로 배우는 진·미·영, 연애할 때 쓸 수 있는 연애 영어, 콩글리쉬를 진·미·영으로 바꿔보는 특별 꼭지들이 가득 담겨 있습니다.

영어 공부 의욕이 가장 불타오를 새해에 《김영철·타일러의 진짜 미국식 영어》, 그리고 저의 추천 리스트와 함께 영어 공부에 재미를 붙이시길 바랍니다!

세 번째 책이지만 다시 처음 시작하는 맘으로 준비했어요. 타일러 맞지? ㅋㅋ 난 그랬어!

여전히 찰떡호흡을 보여주는 타일러도 고맙고, 우리 철파엠 스탭들 모두 수고했다는 말, 전하고 싶네요. 그리고 이번에도 많은 분들이 공감해주길 바라요!

김영철

새로운 시도로 시작한 라디오 코너가 어느덧 세 살이 돼 가네요. 날이 가면 갈수록 영어 실력이 일취월장하는 영철 형 모습을 보면 정말 자랑스럽고, 청취자분들도 방송을 들으면서, 함께하면서 영어를 즐기고 있다는 생각을 하면 무척 뿌듯한 기분이 듭니다.

이번 《김영철·타일러의 진짜 미국식 영어》 3권도 1권과 2권 못지않게 많은 분들에게 도움이 될 수 있는 책이었으면 합니다.

영어는 다른 모든 외국어들처럼 해봐야 입에 달라붙고, 실수를 자꾸 반복하고 극복해야 자신감이 생긴답니다.

여러분이 이 책을 보면서 모르던 표현을 새로 접하고, 그러면서 영어에 대한 새로운 생각들을 많이 해보셨으면 좋겠습니다.

항상 응원합니다!

타일러

하루 5분,
'최강 네이티브'로 거듭나는 법

301

퇴근합시다.
/ 우리 야근해야 해요.

바로 듣기

저희 이사님은 퇴근시간쯤 되면, 사무실을 한 바퀴 돌면서 '여러분, 퇴근합시다!'라고 하거나 '오늘은 야근입니다!'라고 하거든요. 이사님 입에서 어떤 말이 나올지 늘 긴장되는 이 두 표현, 영어로도 알고 싶어요.

오늘은 두 표현을 다 맞춰야 하니까 순서대로 해볼게. 'Let's call it a day.(오늘은 여기까지입니다.)' 그리고 'We should work till late.(우리 늦게까지 일해야 한다.)'

앞 표현은 팡파르 울려도 돼요! '오늘은 이만 끝냅시다'도 퇴근하자는 의미니까요. 근데 뒤 표현은 틀렸어요. 'Should'를 쓰는 건 가치를 판단하는 거니까 안 맞겠죠?

그럼 'Should' 대신 'Have to'를 써볼게. 'We have to work more.(우리는 더 일해야 해요.)' 아니면 'We have to work till midnight.(우린 자정까지 일해야 해요.)'

꼭 자정까지 일하는 건 아닐 수도 있잖아요? 그냥 '늦게까지' 일한다고 하면 어떨까요?

▸▸ 그래서, 타일러가 준비한 표현은?

15

❶

❷

❸

❹

❺

❶ QR코드를 찍으면 각 회에 해당하는 방송을 바로 들을 수 있습니다!

❷ 영어로 표현해야 하는 순간 꿀 먹은 벙어리가 되고 말았던 시간들은 이제 안녕!
진짜 미국식 영어가 절실하게 필요했던 상황들만 쏙쏙 골라 담았습니다!

❸ 김영철의 다양한 영어 표현 시도들을 보면서 머릿속으로 '나라면 뭐라고 얘기할까?' 생각해보세요!

❹ 김영철이 시도한 표현들이 현지인들에게는 왜 안 통하는지
타일러가 명쾌하게 짚어줍니다!

❺ 잠깐! 페이지를 넘기기 전에 다시 한 번 머릿속으로 진짜 미국식 표현은 무엇일지 생각해보세요!

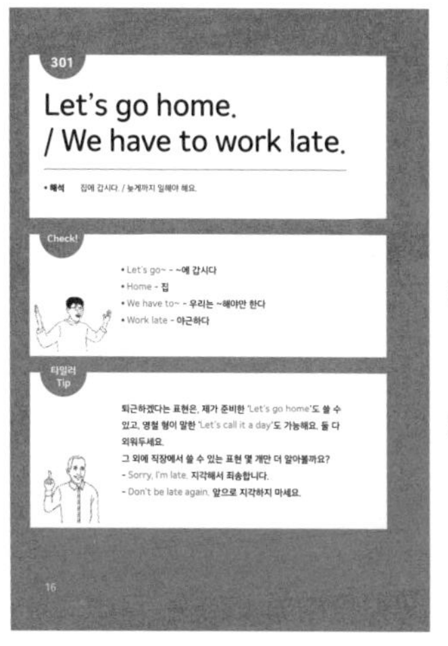

❻ 타일러가 알려주는 현지인들이 매일같이 쓰는 찰진 영어 표현! 사연 속 상황이 언제 우리에게 벌어질지 모르니 각 상황에 쓰이는 진짜 미국식 표현, 꼭 기억해두세요!

❼ 핵심 단어, 핵심 표현, 외워두면 좋겠죠?

❽ 정확한 표현보다 더 자연스러운 비유나 관용구, 미국인과의 대화에서 쓰지 말아야 할 단어, 문법에는 맞지 않지만 미국인들이 많이 쓰는 생략법, SNS에 어울리는 표현, 줄임말, 느낌이 달라지는 한 끗 차이 억양까지, 각 회마다 타일러가 전해주는 Tip만 익혀도 더 이상 원어민이 두렵지 않습니다!

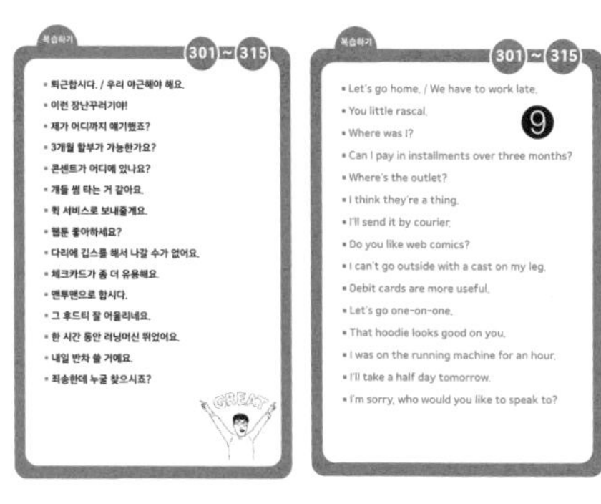

❾ 15회마다 복습하기 페이지가 있으니 잊지 말고 머리에 꼭꼭 담아두세요!

※ 위즈덤하우스 홈페이지에서 MP3 파일을 무료로 다운받을 수 있습니다!
www.wisdomhouse.co.kr (다운로드>도서 자료실)

하루 5분 진짜 미국식 영어를 배우는 시간,
지금부터 시작해볼까요?

차례

부록

301

퇴근합시다. / 우리 야근해야 해요.

바로 듣기

저희 이사님은 퇴근시간쯤 되면, 사무실을 한 바퀴 돌면서 '여러분, 퇴근합시다!'라고 하거나 '오늘은 야근입니다!'라고 하거든요. 이사님 입에서 어떤 말이 나올지 늘 긴장되는 이 두 표현, 영어로도 알고 싶어요.

오늘은 두 표현을 다 맞춰야 하니까 순서대로 해볼게. 'Let's call it a day.(오늘은 여기까지입니다.)' 그리고 'We should work till late.(우리 늦게까지 일해야 한다.)'

앞 표현은 팡파르 울려도 돼요! '오늘은 이만 끝냅시다'도 퇴근하자는 의미니까요. 근데 뒤 표현은 틀렸어요. 'Should'를 쓰는 건 가치를 판단하는 거니까 안 맞겠죠?

그럼 'Should' 대신 'Have to'를 써볼게. 'We have to work more.(우리는 더 일해야 해요.)' 아니면 'We have to work till midnight.(우린 자정까지 일해야 해요.)'

꼭 자정까지 일하는 건 아닐 수도 있잖아요? 그냥 '늦게까지' 일한다고 하면 어떨까요?

▶▶ 그래서, 타일러가 준비한 표현은?

301

Let's go home. / We have to work late.

* **해석** 집에 갑시다. / 늦게까지 일해야 해요.

Check!

* Let's go~ - ~에 갑시다
* Home - 집
* We have to~ - 우리는 ~해야만 한다
* Work late - 야근하다

타일러 Tip

퇴근하겠다는 표현은, 제가 준비한 'Let's go home'도 쓸 수 있고, 영철 형이 말한 'Let's call it a day'도 가능해요. 둘 다 외워두세요.

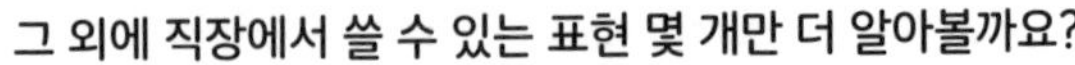

그 외에 직장에서 쓸 수 있는 표현 몇 개만 더 알아볼까요?

- Sorry, I'm late. 지각해서 죄송합니다.
- Don't be late again. 앞으로 지각하지 마세요.

302

이런 장난꾸러기야!

바로 듣기

초등학교 교사인데요. 저희 반 말썽쟁이들 때문에 하루하루 정말 정신이 없어요. 정색하면서 야단칠 정도까진 아니고, '이런 장난꾸러기들아!' 이렇게 말하고 싶을 때, 영어 표현 중에서 아이들에게 해줄 수 있는 귀여운 애칭 같은 게 있을까요?

음… 'Stupid Boy'는 아니겠지?

엇… 교사가 학생에게 그렇게 말하면 안 되죠.

'Little childish'는 어때?

'유치하다'고 생각하시는 거죠? 좋은 시도였어요! 그런데 'Childish'라고 하면 '성숙하지 못하다'는 의미가 더 강해요. 이 상황에 딱 맞아 떨어지는 표현을 제가 알려드릴게요.

▶▶ 그래서, 타일러가 준비한 표현은?

302

You little rascal.

*** 해석** 넌 장난꾸러기야.

Check!

* Little - 작은, 어린

* Rascal - 장난꾸러기, 악동

타일러 Tip

영화 <나 홀로 집에>에 나온 맥컬리 컬킨의 모습이 딱 'Rascal'이라고 생각하면 돼요. 그리고 오늘 표현을 보면 동사가 빠져 있어요. 영어로 상대방에게 '이것 봐, 이 ○○○ 같은 놈아'라는 말투를 쓸 때는 이렇게 'You little ○○○'라고 해요. 누군가를 모욕할 때도 쓰고, 재미있게 놀릴 때도 쓰는 표현이니까 꼭 알아두세요.

303

제가 어디까지 얘기했죠?

바로 듣기

전 영철 씨만큼 말이 많은데, 나이를 먹다 보니 건망증이 점점 심해져요. 그래서 제가 자주 하는 말이 '내가 어디까지 얘기했더라?'인데요. 이런 표현이 영어에도 있을지 궁금합니다.

내가 자주하는 말이라, 정확히 알고 있어. 'Where was I?'

역시 정확하시네요. 팡파르 울려드릴게요!

내친김에 '우리가 어디까지 얘기했더라?' 이것도 알아. 'Where were we?' 맞지?

완벽해요. Perfect!

▶▶ 그래서, 타일러가 준비한 표현은?

303

Where was I?

* **해석** 내가 어디까지 얘기했죠?

Check!

* Where - 어디에
* Where was I? - (직역)나는 어디에 있나요?

타일러 Tip

영철 형이 한 번에 맞췄으니 비슷하게 쓸 수 있는 표현들을 알려드릴게요!

- What was I saying? 내가 뭐라고 말했더라?
- What were you saying? 네가 뭐라고 했더라?

그리고 오늘 표현이 너무 짧은 것 같으면 간단하게 상황을 설명해도 돼요. 'I forgot what I was saying.' 이렇게 말해도 되겠죠?

304

3개월 할부가 가능한가요?

저는 한 달에 한 번 저를 위한 선물을 주고 있어요. 이번엔 외국인 셰프가 운영하는 고급 레스토랑에 가서 밥을 먹었는데요. 계산하려고 보니 현금이 부족해서 카드결제를 해야 했는데 할부가 가능한지 물어볼 수 없어서 일시불로 결제했어요. 할부가 가능한지 영어로 어떻게 말하면 될까요?

한번 해볼게. 'Can I pay three months installments?'

필요한 단어는 다 들어가 있어요. 이 문장을 제대로 배열해볼까요?

그럼 'Can I pay installments for three months?' 이렇게?

문장 구조도 거의 완벽해요. 이제 그 사이사이에 들어가는 디테일한 단어들만 좀 수정하면 될 것 같아요.

▶▶ 그래서, 타일러가 준비한 표현은?

304

Can I pay in installments over three months?

* **해석** 3개월에 걸쳐 할부로 지불해도 될까요?

Check!

* Can I pay~? - ~지불해도 될까요?
* In installments - 할부로
* Over three months - 3개월에 걸쳐

타일러 Tip

일단 미국에는 할부제도가 없어요. 특정상품을 할부로 판다고 전제하고 판매에 들어가는 경우는 있지만 일반적으로 할부제도는 없어요. 저도 한국에 와서 알게 됐어요.
이 표현 외에 그냥 할부가 되는지 안 되는지를 묻고 싶을 때는 'Can I pay in installments?'만 써도 상대가 알려줄 테니까 이 표현도 꼭 외워두세요!

305

고급스럽게 바꿔보는 한국식 영어 (고한영)

콘센트가 어디에 있나요?

돼지코를 챙겨서 일본 여행을 갔는데, 콘센트가 도통 안 보이더라고요. 콘센트는 영어 아닌가요? 콘센트 어딨는지 묻고 싶을 땐 어떻게 해야 하나요?

아, 그럼 딱 봐도 콘센트가 콩글리시라는 건데, 그럼 'Plug?'를 쓰면 되나? 'Where is plug?'

'Plug'를 쓰기도 하지만 문장구조가 약간 어색해요. 조금만 바꿔보세요.

그럼 'Where's extension cord?'

'Extension Cord(익스텐션 코드)'는 여러 개를 꽂을 수 있는 멀티탭 같은 걸 말해요.

▶▶ 그래서, 타일러가 준비한 표현은?

305

Where's the outlet?

* **해석** 콘센트가 어디 있나요?

Check!

* Where's~? - 어디에 있나요?
* The outlet - 콘센트(플러그를 꽂는 들어간 부분)

타일러 Tip

참고로 '콘센트'라는 콩글리시가 어디서 왔을까 찾아봤더니 '콘센트플러그'라는 말을 일본에서 쓰기 쉽게 줄인 표현에서 나온 거 같아요.
그리고 정확하게 말하면 'Plug'는 구멍 안으로 끼우는 뾰족한 부분을 말하고, 'Outlet'은 반대쪽에 안으로 들어가 있는 부분을 말해요. 그래서 콘센트가 어딨는지 묻고 싶을 때 쓸 수 있는 정확한 표현은 'Where can I plug in my ○○○?(내 ○○○을 어디서 꽂을 수 있을까요?)'라고 하면 됩니다.

306

고급스럽게 바꿔보는 한국식 영어 (고한영)

걔들 썸 타는 거 같아요.

동아리 친구들 중에 아무리 봐도 서로 좋아하는 것 같은데 자기들은 아니래요. 사귀는 건 아니고 썸 타는 거 같다고 했더니, 외국인 친구가 썸이 뭐냐고 자꾸 물어요. 이거 영어 아닌가요?

영어로는 'They hit it off.(그들은 죽이 잘 맞아.)' 이건 어때?

'Hit it off'는 잘 어울린다는 거지, 썸을 탄다는 의미는 아니에요.

그럼 'They like each other immediately.(그들은 만나자마자 서로 좋아졌어.)' 아니면 'They fishy.(걔네 수상해)'

'Immediately(~하자마자)'라는 어려운 단어를 쓰긴 했는데, 이것도 썸은 아니에요. 그리고 'Fishy(수상하다)'는 부정적인 의미의 단어에요. 썸 타는 상황에는 어울리지 않겠죠?

▶▶ 그래서, 타일러가 준비한 표현은?

306

I think they're a thing.

*** 해석** 내 생각에 그들은 뭔가가 있어요.

Check!

* I think - 내 생각에

* They're a thing - 그들은 뭔가가 있다

타일러 Tip

'Something'이란 단어에서 한국은 'Some'을 미국은 'Thing'을 쓴다는 게 재밌죠?
오늘 표현을 좀 더 길게 말하고 싶을 땐, 'I think they have something going on(내 생각에 그들은 뭔가 진행되어 가고 있는 것 같아요)'이라고도 쓸 수 있어요.
참고로 'They're a thing'은 정식으로 만나보려고 데이트도 하면서 시간을 갖고 있다는 의미의 공식적인 썸이에요. 그 전 단계이거나 아직 무슨 사이인지 애매하면 'They're seeing each other'라고 표현할 때도 있습니다.

307

고급스럽게 바꿔보는 한국식 영어 (고한영)

바로 듣기

퀵 서비스로 보내줄게요.

거래처로 급하게 서류를 보내야 해서, 퀵으로 보내겠다고 했는데 상대편 외국인이 퀵 서비스가 뭔지 못 알아듣더라고요. 퀵 서비스를 모르다니… 답답해 죽는 줄 알았습니다. 영어로 쓸 수 있는 표현을 알고 싶어요!

내 생각에는 'I'll send you through quick service.(퀵 서비스를 통해 보내줄게요.)' 이렇게 하면 어때?

문장구조는 좋아요. 하지만 이렇게 말하면 '너를 퀵 서비스로 보낼게'라는 말이 돼요. 영어에서는 '퀵 서비스'라는 단어 자체를 안 써요. 다른 표현을 생각해보세요!

아, 그럼 퀵 서비스 대신 'I'll send you through delivery service'라고 하면 될까?

아쉽지만 오늘 표현에 나올 단어는 어려운 단어에요. 제가 알려드릴게요!

▶▶ 그래서, 타일러가 준비한 표현은?

307

I'll send it by courier.

* **해석** 운반원 편으로 보내겠습니다.

Check!

* I'll send it - 나는 그걸 보낼 거예요
* By courier - 운반원(퀵) 편으로

타일러 Tip

'Courier'라는 단어가 생소할 텐데, 불어에서 온 단어에요. 영국 사람들은 이 단어를 우편물을 보낼 때 항상 쓰는데, 미국에서는 이 단어를 자전거 탄 사람이 빨리 옮겨주는 걸 뜻해요. 영화에서 보면 꽉 막힌 도로 사이사이를 자전거로 다니면서 문서를 배달해주는 사람이 나오잖아요. 그들이 바로 'Courier'입니다.

308

고급스럽게 바꿔보는 한국식 영어 (고한영)

바로 듣기

웹툰 좋아하세요?

어릴 때부터 만화를 정말 좋아해서 요즘은 웹툰을 즐겨보고 있는데요. 저와 같은 취미를 갖고 있는 외국인 친구가 있을까 싶어 웹툰 좋아하냐고 묻고 싶은데, 설마 이것도 콩글리시인가요?

'Do you like web toon?' 아닌가?

'Toon'이라고 하면 TV로 보는 만화영화를 생각할 거예요.

그럼 'Do you like web animation?'

'Animation'은 일본 만화를 말하는 거예요.

▶▶ 그래서, 타일러가 준비한 표현은?

308

Do you like web comics?

* **해석** 웹툰 좋아하세요?

Check!

* Do you like~ - ~를 좋아하세요?
* Web comics - 웹툰(웹으로 볼 수 있는 연재물)

타일러 Tip

흔히들 헷갈려 하는 게 'Comics', 'Cartoon', 'Animation'인데요. 차이점을 좀 살펴볼까요? 'Comics'는 책이나 신문에서 꾸준히 시리즈로 연재되는 걸 말하고요. 'Cartoon'은 TV로 보는 만화를 말합니다. 그리고 'Animation'은 일본식 카툰으로 일본식 TV 만화시리즈를 의미한다는 것을 기억하면 적재적소에 쓸 수 있겠죠?

309

고급스럽게 바꿔보는 한국식 영어 (고한영)

다리에 깁스를 해서 나갈 수가 없어요.

축구하다가 다리를 다쳐서 깁스를 했는데, 외국인 회원이 자꾸 축구하러 나오라고 하네요. 깁스해서 못나간다고 해도 못 알아듣는데, 깁스도 영어가 아닌가요?

'Cast'라는 단어를 쓰더라고. 그러니까 'I cast so I can't outside move'라고 하면 맞겠지?

'Cast'를 생각해내다니 놀라워요! 이제 문장 구조만 좀 바꿔보세요.

'I can't outside move because I cast my leg.' 어때?

뭔가 뒤죽박죽이긴 하지만 적합한 단어를 많이 모으긴 했어요.

▶▶ 그래서, 타일러가 준비한 표현은?

309

I can't go outside with a cast on my leg.

*** 해석** 다리에 깁스를 해서 밖에 나갈 수 없어요.

Check!

* I can't go outside - 나는 밖에 나갈 수가 없어요
* With a cast - 석고(깁스)를 해서
* On my leg - 내 다리에

타일러 Tip

한국 사람들이 말하는 깁스는 'Cast(석고)'를 말하는 거예요. 석고를 발라서 다친 부위가 움직이지 못하도록 고정시켜 두는 걸 말하죠? 그리고 한국에서 쓰는 '깁스'라는 단어는, 독일어의 'Gipsverband(깁스퍼반트)'에서 따온 거라고 해요. '아르바이트'처럼 독일어에서 시작된 단어였답니다.

310

고급스럽게 바꿔보는 한국식 영어 (고한영)

바로 듣기

체크카드가 좀 더 유용해요.

신입직원이 돈을 모으고 싶대서 금융 상담을 해줬는데 씀씀이가 좀 헤프더라고요. 그럴 땐 바로바로 결제가 되는 신용카드보다 체크카드가 유용하기도 하잖아요. 근데 이 체크카드도 콩글리시일 것 같은… 느낌적인 느낌?

딱 봐도 체크카드는 콩글리시 같은데? 'Cash card'라고 바꾸면 어떨까?

체크카드보다 훨씬 더 이해가 되고, 종종 쓰는 단어지만, 정확한 표현은 따로 있어요!

▶▶ 그래서, 타일러가 준비한 표현은?

310

Debit cards are more useful.

* **해석** 체크카드가 좀 더 유용해요.

Check!

* Debit cards are - 체크카드(데빗카드)가
* More useful - 더 유용해요

타일러 Tip

참고로 'Useful' 자리에 'Convenient(편리한, 간편한)'을 써도 좋아요. 'Debit card'는 미국에서 캐쉬카드를 말하는 거예요. 'Card'는 말 그대로 카드인데 'Debit'이라는 말은 아주 오래된 단어예요. 철자 보면 'Debt'과 비슷하죠? 어원이 같아서 그래요. 원래 '갚아야 할 것', '빚'을 뜻했고, 거래할 때 한 사람이 다른 사람에게 갚아야 할 '금액'을 의미하게 되었다고 하는데요. 그래서 요즘은 거래할 때의 '지출'이라는 뜻으로 이해하면 됩니다. 그러니까 'Debit card'는 어떻게 보면 '지출카드'라고 볼 수 있겠죠.

311

고급스럽게 바꿔보는 한국식 영어 (고한영)

맨투맨으로 합시다.

한강에 놀러갔다가, 외국인들과 3대3 길거리 농구를 하게 됐는데요. 저희 팀 외국인에게 맨투맨으로, 1대1로 맡아서 수비하자고 말해야 하는데, 설마 이것도 콩글리시일까요?

'You have to a man-to-man.'

'Man-to-man'을 쓰면, 남자 대 남자로 하자는 의미로 들려요.

'Let's one to one.'

'One to one'은 보통 점수를 말해요. 1대1이라는 의미인 거죠.

▶▶ 그래서, 타일러가 준비한 표현은?

311

Let's go one-on-one.

* **해석** 1대1로 하자.

Check!

* Let's go~ - ~갑시다, ~합시다
* One on one - 1대1로

타일러 Tip

과외나 학원 수업에서 주로 볼 수 있는 표현이에요. 선생님 한 명에 두 명의 학생이 붙을 때 'Two-on-one'이라고 하면 됩니다. 2대1로 수업한다는 의미죠.
그리고 'One-on-one'은 스포츠에서는 1대1로 붙는 걸 말해요. 농구나 축구 등 주로 팀 게임으로 진행하는 스포츠를 1대1로 바꿔서 두 명끼리 붙는 거죠. 반면에 일상생활에서는 두 명이 허심탄회하게 나누는 대화를 말합니다.
'Man-to-man'도 스포츠에서는 팀 게임을 할 때 반대쪽 팀을 가로막거나 경계하기 위해서 팀원당 한 명씩 담당하는 거예요. 그래서 'Man-to-man'은 특정한 놀이나 경기가 아니라 주로 전략을 의미해요. 'One-on-one' 하고 헷갈릴 수 있지만, 'Man-to-man'은 반대쪽 팀원 한 명 한 명을 맡아 경계하는 전략입니다.

312

고급스럽게 바꿔보는 한국식 영어 (고한영)

바로 듣기

그 후드티 잘 어울리네요.

저희 팀 외국인 직원이 늘 단정한 모습만 보여주다, 워크숍 때 청바지와 후드티를 입고 왔는데 꽤 잘 어울리더라고요. 그래서 후드티 잘 어울린다고 칭찬했는데, 살짝 동공이 흔들린 것 같았어요. 혹시… 콩글리시인가요?

'후드티'는 콩글리시라고 알고 있어. 'hoodie'라고 하더라고. 'That hoodie is really match with you.'

살짝 어색해요. 문장 뒷부분을 좀 더 바꿔보세요.

'That hoodie is perfect match with you.'

표현이 뭔가 살짝 어색한 것 같아요. 'match with' 부분 때문인데요. 'hoodie'가 옷이니까 'match with'하면 다른 옷을 말하는 것 같아요. 바지나 모자와 어울린다고 할 때 쓸 것 같은 표현이죠. 그런데 사람에게 어울린다고 하려면 'match with' 대신에 그냥 'for'를 하면 됩니다. 'That hoodie is perfect for you.' 이렇게요. 그런데 그것도 제가 준비한 표현은 아니에요.

▶▶ 그래서, 타일러가 준비한 표현은?

312

That hoodie looks good on you.

* **해석** 그 후드티가 당신한테 잘 어울려요.

Check!

* That hoodie - 그 후드티는
* Looks good on you - 당신한테 잘 어울려요

타일러 Tip

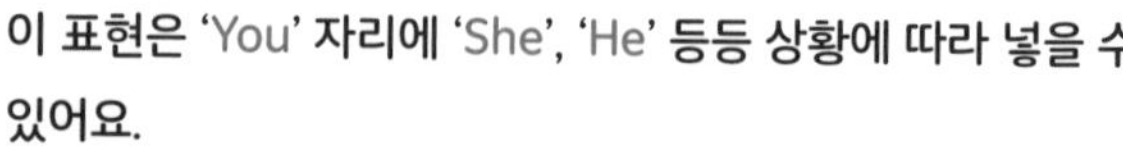

이 표현은 'You' 자리에 'She', 'He' 등등 상황에 따라 넣을 수 있어요.
참고로 'Hoodie'는 앞에 지퍼가 없는 모자 달린 셔츠를 말하고, 지퍼가 있는 후드티는 후드집업이 아니라 'Zip up hoodie'라고 하면 됩니다.

313

고급스럽게 바꿔보는 한국식 영어 (고한영)

한 시간 동안 러닝머신 뛰었어요.

운동하는 걸 좋아해서 헬스장에서 거의 사는 편인데요. 외국인 동료가 왜 이렇게 통화가 어렵냐고 한마디 하길래, 러닝머신에서 한 시간 뛰었다고 말해주고 싶었는데 왠지 러닝머신이 콩글리시일 것 같은 느낌!

이건 팡파르 욕심이 좀 나는데? 'I ran one hour treadmill.'

우와 정말 좋은 시도예요! 두 마디가 빠졌는데 다시 시도해보세요.

'I ran to treadmill for an hour.' 아니면 'I ran at treadmill for an hour.'

'To treadmill'은 '트레드밀에게', 'At treadmill'은 '트레드밀이 있는 곳에'라는 뜻이죠. 어울리지 않아요.

▶▶ 그래서, 타일러가 준비한 표현은?

313

I was on the running machine for an hour.

* **해석** 한 시간 동안 러닝머신 뛰었어요.

Check!

* I was on the running machine - 나는 러닝머신 위에 있었어요
* For an hour - 한 시간 동안

타일러 Tip

'Running machine'이 콩글리시라고 생각하는데, 미국에서도 흔히 쓰는 올바른 영어 표현이 맞아요. 물론 'Treadmill'도 같은 의미로 쓸 수 있고요.
영철 형이 시도한 걸 수정해보면 'I ran on the treadmill for an hour'라고 해도 맞는 표현이에요. 대신 'Ran'을 쓸 때는 'Running machine'을 쓰면 발음이 겹치니까 어울리지 않겠죠? 적절하게 이용해보세요.

314

내일 반차 쓸 거예요.

바로 듣기

외국인 직원이 내일 점심을 같이 먹자고 하는데 사실 제가 반차를 썼거든요. 완전히 쉬는 건 아니니까 휴가라고 할 수도 없고, 오전에만 쉬는 건데 'Morning Holiday'도 아닌 것 같고… 이럴 땐 뭐라고 해야 하는 거죠?

'Day-off'가 하루 쉬는 휴가니까, 반차는'Half day-off'를 쓰는 건 어때?

너무 좋아요. 그럼 그 단어를 써서 문장을 완성해보세요.

'I'll use half day-off tomorrow.'

정말 가까운데 살짝, 아주아주 살짝 안 맞아요. 조금만 바꾸면 정말 좋은 표현이에요.

▶▶ 그래서, 타일러가 준비한 표현은?

314

I'll take a half day tomorrow.

* **해석**　내일 저는 반차 쓸 거예요.

Check!

* I'll take - 나는 쓸 거예요
* A half day - 반차를
* Tomorrow - 내일

타일러 Tip

미국에서는 '반차'라는 용어를 잘 쓰진 않아요. 대신 '내일 점심 지나 들어올게요', '2시 이후에 들어올게요'라고 구체적으로 표현해주면 됩니다.

- I'll come in tomorrow after lunch.
  내일 점심 지나서 들어올게요.
- I'll come in after two.
  2시 이후에 들어올게요.

315 죄송한데 누굴 찾으시죠?

미국 거래처에서 사무실로 전화를 해올 때가 있는데요. 말을 너무 빨리 해서 누구를 찾는지 모를 때가 있어요. 누구 찾느냐고 되묻고 싶을 때 뭐라고 말하면 좋을까요?

내 생각에는 'I'm sorry, who are you looking for?'

엇 좋은데요? 조금만 바꿔주시면 정말 자연스러워질 것 같아요.

'I'm sorry, who wants talk to you?(죄송한데, 누가 당신과 대화하길 원하나요?)'

이 표현을 직역하면 이쪽에서 누가 당신이랑 얘기하고 싶어 하는지 상대에게 묻는 거예요. 하지만 오늘 표현은 그 반대여야 하니까 조금만 더 바꿔보세요.

▸▸ 그래서, 타일러가 준비한 표현은?

315

I'm sorry, who would you like to speak to?

* **해석** 죄송한데, 누구와 대화하고 싶으세요?

Check!

* I'm sorry - **죄송합니다**
* Who would you like to speak to? - **누구와 통화하고 싶으세요?**

타일러 Tip

오늘 표현에서는 'Talk' 대신 'Speak'를 썼어요. 물론 'Talk'와 'Speak' 둘 다 쓸 수 있지만, 직장이고 공적인 자리니까 좀 더 예의를 갖춘 'Speak'를 썼어요.

복습하기

301 ~ 315

- 퇴근합시다. / 우리 야근해야 해요.
- 이런 장난꾸러기야!
- 제가 어디까지 얘기했죠?
- 3개월 할부가 가능한가요?
- 콘센트가 어디에 있나요?
- 걔들 썸 타는 거 같아요.
- 퀵 서비스로 보내줄게요.
- 웹툰 좋아하세요?
- 다리에 깁스를 해서 나갈 수가 없어요.
- 체크카드가 좀 더 유용해요.
- 맨투맨으로 합시다.
- 그 후드티 잘 어울리네요.
- 한 시간 동안 러닝머신 뛰었어요.
- 내일 반차 쓸 거예요.
- 죄송한데 누굴 찾으시죠?

복습하기 301 ~ 315

- Let's go home. / We have to work late.
- You little rascal.
- Where was I?
- Can I pay in installments over three months?
- Where's the outlet?
- I think they're a thing.
- I'll send it by courier.
- Do you like web comics?
- I can't go outside with a cast on my leg.
- Debit cards are more useful.
- Let's go one-on-one.
- That hoodie looks good on you.
- I was on the running machine for an hour.
- I'll take a half day tomorrow.
- I'm sorry, who would you like to speak to?

316

제 SNS에 이 사진을 올려도 될까요?

요즘 제가 SNS에 푹 빠져 있는데요. 외국인 관광객과 우연히 함께 사진을 찍게 됐고, 예의상 이 사진을 제 SNS에 올려도 되냐고 묻고 싶었는데, 영어 표현을 몰라서 못 물어봤어요. 어떻게 표현하면 좋을까요?

'put it on'을 한번 써볼게. 'Can I put it on this photo through my SNS?'

이 표현은 '제 SNS를 통해 이 사진을 찍을 수 있나요?' 같은 느낌이에요. 'Put it on'을 쓴 건 좋은데 뭔가 'on'도 있고 'through'도 있어서 되게 복잡하게 들려요.

'Can I put this photo on my SNS?'

거의 완벽한데, 한 단어가 많이 아쉬워요.

▶▶ 그래서, 타일러가 준비한 표현은?

316

Do you mind if I post this on my Instagram(플랫폼 이름)?

*** 해석** 이 사진을 제 인스타그램에 올려도 될까요?

Check!

* Do you mind~ - ~해도 될까요?
* If I post this - 만약 내가 이걸 올린다면
* On my Instagram(플랫폼 이름) - 내 인스타그램에

타일러 Tip

오늘 표현에서 'Post' 대신 영철 형이 쓴 'Put'을 써도 괜찮아요. 그리고 한국에서 쓰는 'SNS'는 좀 오래된 표현처럼 들리기도 하고, 미국에선 일반적으로 잘 안 쓰기 때문에 대부분은 뭔지 모를 거예요. 보통 'Social Media(소셜 미디어)'라고 하거나 플랫폼 이름을 그대로 언급해요. 사용하는 인스타그램이나 페이스북, 트위터 같은 소셜미디어 이름을 정확하게 넣어주면 됩니다.

317

오래 살다 보니 별일이 다 있네요.

바로 듣기

동생이 취업을 했는데 첫 월급을 받고 엄마 선물을 사왔더라고요. 어린애인 줄로만 알았는데, 가족을 챙기는 모습을 보고 엄마가 '오래 살다 보니 별일이 다 있네'라고 하더라고요. 순간 그 말의 영어 표현이 뭘까 궁금해졌어요!

'I lived' 이렇게는 안 쓸 것 같고, 'It happen many things, I go through alive time.'

음…. 전혀 아니에요. 다시 시도해주세요.

감을 전혀 못 잡겠어. 오늘 표현을 그냥 번역기에 돌려봤어. 'It's been a long time since I've lived here.'

어렵죠? 한국 사람들이 이런 식으로 말을 잘 안 해서 그런 것 같아요. 표현을 조금 더 미국식으로 바꾸려면 미국 사람처럼 생각해볼 필요가 있어요!

▶▶ 그래서, 타일러가 준비한 표현은?

317

Anything can happen if you live long enough.

* **해석** 오래 살다 보면 무슨 일이라도 일어날 수 있어요.

Check!

* Anything can happen - 어떤 일이든 일어날 수 있어요
* If you live long enough - 당신이 충분히 오래 산다면

타일러 Tip

오늘 표현을 미국에서는 자주 쓰지 않아요. 오히려 '오래 살다 보니 별일 다 있네'라고 누군가 말한다면 그 순간에 'That's life!(그래, 이게 인생이지!)'를 쓰는 것 같아요. 이게 미국식 표현이에요.

318

그렇게 먹으면 말짱 도루묵이에요.

다이어트를 위해 헬스장을 다니고 있습니다. 근데 헬스장에서 만난 외국인 동생이 운동 후에 꼭 야식을 먹더라고요. 열심히 운동해놓고 밤늦게 먹으면 말짱 도루묵이라고 말하고 싶은데 적절한 영어 표현이 있을까요?

'It's even.(동점이야.)' 혹은 'It's zero.(0이야.)'

아~ 어떤 식으로 표현하려는지 알겠는데, 오늘 상황을 설명한다고 생각하고 길게 풀어서 말해보세요.

'It gets worse.(그건 악화되는 거야.)' 혹은 'There's nothing meaning.(그건 아무 의미가 없어.)'

운동 후에 야식을 먹는다고 해서 나빠지는 건 아니죠?

▶▶ 그래서, 타일러가 준비한 표현은?

318

You won't get anywhere if you eat like that.

* **해석** 그렇게 먹으면, 발전이 없을 거예요.

Check!

* You won't get anywhere - 발전이 없을 거예요
* If you eat like that - 그렇게 먹는다면

타일러 Tip

'You won't get anywhere'는 중요하니까 꼭 외워두세요! 이 표현은 단어를 바꿔가며 다양하게 응용이 가능합니다. 몇 개만 바꿔볼까요?

- You won't get anywhere if you study like that.
  그렇게 공부하면 발전이 없을 거예요.
- You won't get anywhere if you meet like that.
  그렇게 만나면 발전이 없을 거예요.

319

엔화로 결제할게요.

일본 여행을 가는데요. 어디서 들으니까 해외에서 카드결제를 할 때 현지통화로 결제하면 수수료가 적게 든다고 하더라고요. 그래서 결제하기 전에 꼭 현지통화로 해달라고 말하고 싶은데 어떻게 말하면 되나요?

'Can I pay with Yen화?'

'Yen화'는 영어가 아니죠? 그리고 전치사 'with'가 안 어울려요.

'Can I pay to Yen?'

음… 이렇게 말하면 엔화에게 돈을 내겠다는 의미라서 이상해요.

▶▶ 그래서, 타일러가 준비한 표현은?

319

I'd like to pay in Yen.

* **해석** 엔으로 지불하고 싶어요.

Check!

* I'd like to pay - 지불하고 싶어요
* In Yen - 엔으로

타일러 Tip

화폐 단위를 말하면서 '어떤 화폐로 내다'라고 할 때 'In'을 붙이는 게 좋아요. 여기서 'in'이 '~로' 역할을 하기 때문이에요. 또 영철 형이 시도한 것처럼 'Can I pay with Yen?'이라고 해도 의미는 통해요. 하지만 'with'라는 단어 때문에 주머니에서 엔화 지폐를 꺼낼 거라는 뉘앙스가 담겨 있는 것 같아요.

어느 나라를 여행하느냐에 따라 'Yen' 자리에 다양한 화폐를 넣어서 쓸 수 있어요. 예를 들면 'I'd like to pay in dollars.' 이렇게요. 하지만 꼭 복수로 써야 한다는 거 기억하세요!

320

(그 사람) 쌤통이에요.

상사 앞에서 아부왕이 되는 밉상 동료가 있는데, 얼마 전 그 아부가 안 통해서 역효과를 낸 적이 있었어요. 얼마나 고소하던지! 완전 쌤통이라고, 저와 같은 처지인 외국인 동료와 기쁨을 나누고 싶더라고요. 영어 표현 좀 알려주세요!

'That's get 쌤통.' 쌤통이 왠지 영어 같이 느껴지지 않아?

하하. 아뇨. 전혀 영어 같이 느껴지지 않아요!

그럼 비꼬듯이 말하는 거야. 'That's good for him.(잘~~됐네.)'

시도가 정말 좋았어요! 방향은 맞는데 대신 다른 표현을 써보세요.

▶▶ 그래서, 타일러가 준비한 표현은?

320

He deserved it.

*** 해석** 그는 그럴 만했어요.

Check!

* Deserved - 받을 만하다, 그럴 자격이 있다

타일러 Tip

오늘 표현은 비꼬면서 하는 말이에요. 그러니까 억양이 중요하겠죠? 팟캐스트로 억양도 꼭 확인해주세요.
'He' 자리에 'You', 'She', 'They' 등등을 바꿔가며 쓸 수 있어요.
그리고 이 표현은 비꼬는 말투가 아닌 긍정적인 반응으로도, 노력을 많이 해서 받을 만하다는 의미로도 쓰일 수 있으니까 상황에 따라 억양을 달리하며 써보세요!

321

꼬리가 참 기네요.

룸메이트가 다 좋은데 딱 하나 단점이 있습니다. 꼬리가 너무 길어요. 방문은 물론 화장실문, 심지어 현관문까지 반쯤 열어놓고 다니는데… 영어에도 꼬리가 길다는 표현이 있나요?

이렇게 가볼까? 'Never end!(절대 끝나지 않네!)'

그런 의미가 아니에요. 다시 시도해주세요.

그럼 'tail(꼬리)'을 써서 'Your tail is too long.(네 꼬리는 너무 길어.)'

하하하. 직역을 했네요. 이렇게 말하면 도저히 이해할 수 없어요. 꼬리가 길다고 하는 이유가 뭘까요? 그 이유를 생각하고 그것부터 말하면 되지 않을까요?

▶▶ 그래서, 타일러가 준비한 표현은?

321

Stop leaving the door open all the time.

*** 해석** 항상 문을 열어두는 걸 그만하세요.

Check!

* Stop leaving the door open - 문을 열어두는 걸 그만하세요.

* All the time - 항상

타일러 Tip

영어에는 문을 안 닫고 다니는 사람에게 쓰는 '꼬리가 길다' 같은 표현이 없기 때문에 최대한 풀어서 상황을 설명해주는 게 좋아요. 이 표현은 문을 잘 닫고 다니라는 의미가 되지만, 일반적으로 설명하는 문장이라면 'You leave the door open all the time(당신은 항상 문을 열어두고 다녀요)'라고 하면 됩니다.

시원섭섭하네요.

7년 동안 근무한 회사를 다음 주에 퇴사합니다. 요즘 기분이 어떠냐고 묻는 직원들에게 시원하다고 할 수도 없고, 우울하다고 하기도 좀 그렇고… 이럴 때 우린 시원섭섭하다고 하잖아요. 이런 느낌의 영어 표현이 있을까요?

이런 말은 한 번도 써본 적 없는 것 같은데, 감정을 그대로 표현하면 어떨까? 'I'm happy but sad.'

좋아요. 좋은데 'I'm happy but kind of sad'라고 하면 더 자연스러워요! 근데 사실 오늘 표현과는 조금 다른 느낌이에요. 시원섭섭 기분에 딱 맞는 표현이 있습니다.

▶▶ 그래서, 타일러가 준비한 표현은?

322

Bittersweet.

* **해석** 씁쓸하고 달콤한.

Check!

* Bitter - 쓰라린
* Sweet - 달콤한

타일러 Tip

'Bittersweet'는 정확히 말하면 '시원섭섭한' 것과는 의미가 좀 달라요. 맛에 비유하자면 달콤하지만 쌉싸름한 맛을 말해요. 'Bitter'가 먼저 나오니까 쓴맛이 좀 더 강한 거겠죠? 씁쓸하면서도 달콤한, 좋기도 하고 슬프기도 한, 괴로우면서 즐거운, 이런 의미로 생각하면 될 것 같아요.

323

생각할 시간을 좀 주세요.

면접을 보고 왔는데, 제대로 대답을 못한 것 같아 이불킥하고 있습니다. 시간이 조금만 있었다면 제대로 답했을 텐데, 이럴 때 영어로 생각할 시간을 좀 달라고 하면 면접관들도 이해해주지 않을까요?

'I'll take my time.' 혹은 'Could you take my time?'

'I'll take my time'은 천천히 하겠다는 의미로 들리고, 'Could you take my time?'은 상대방에게 내 시간을 가져가라는 의미예요. 오늘 표현과는 좀 다르죠?

'Take your time.(천천히 하세요.)'

좋아요! 그런데 'Take your time' 하면 상대방에게 천천히, 시간의 여유를 갖고 하라는 말이에요. 이 상황에서는 스스로 생각할 시간을 갖겠다는 거잖아요. 그럼 어떻게 바꾸면 될까요?

▶▶ 그래서, 타일러가 준비한 표현은?

323

I'd have to give it some thought.

* **해석** 생각할 시간을 주세요.

Check!

* I'd have to give - 나에게 주셔야 합니다
* It some thought - 그것에 대해 생각할

타일러 Tip

오늘 표현 앞에 'Um…', 'Good question' 등의 말을 붙이면 좀 더 자연스러워져요. 뭔가 생각을 하고 있는 것 같으니까 시간을 달라는 느낌이 잘 전달되겠죠.
영어권에서는 면접을 볼 때 답을 모르면 시간을 끌고 생각해내려는 것보다 솔직하게 모른다고 하는 게 중요해요. 그 모습을 보고 면접관이 '어떻게 이것도 몰라?'라고 생각하지 않고, '모르는 걸 인정하니 좋다'라고 생각해요. 모르는 것을 인정할 줄 아는 사람이 함께 일할 때 사고가 적고 업무처리를 이성적으로 잘 수행할 거라고 평가한다고 해요. 하지만 이런 인상을 주려고 일부러 모른다고 하면 안 되겠죠?

324

이만 (전화) 끊을게요.

고등학교 국제교류부에서 활동하고 있는데요. 외국인 친구들과 화상통화를 한 뒤 끊어야 할 때 'Bye-bye'만 하는 게 식상해서 다른 말을 써보고 싶은데 어떤 표현이 좋을까요?

바로 맞춰볼게. 전화니까 'I'll hang out the phone.(전화를 끊겠습니다.)'

'Hang up'이겠죠? 근데 그렇게 말하면 협박하는 것 같아요.

'Line is busy.' 혹은 'See you later!'

뭔가 사람을 피하려는 것 같아요. 이럴 때 한국과 미국의 문화가 정말 다른 것 같네요. 제가 알려드릴까요?

▸▸ 그래서, 타일러가 준비한 표현은?

324

Have a good one.

* **해석** 좋은 시간 보내요.

* Have a good one - 좋은 시간 가지세요

타일러 Tip

'Have a good day!'는 익숙한 표현이죠? 하지만 이 표현을 쓰지 않는 건 상대편 나라가 아침일 수도, 저녁일 수도 있으니 그걸 아우르는 'One'을 쓰면 좋습니다.
참고로 영국에서는 전화 끝에 'Cheers'를 쓰더라고요.
미국식으로는 술잔을 들고 건배하는 표현인데, 영국인과 통화 끝에 'Cheers'를 써서 많이 놀라기도 했는데 함께 알아두세요.
또 영철 형이 마지막에 시도한 'See you later' 대신 'Talk to you later'를 쓰면 좀 더 자연스러운 표현이 될 것 같아요.
마지막으로 항상 끝인사는 'Bye-bye'로 하는 게 좋습니다.
'Bye-bye'라고 하지 않으면 상대방이 끊어야 하는지, 말아야 하는지 헷갈려 할 수 있기 때문에 실례가 될 수도 있어요.

325

와우, 얘 좀 봐요. 다 컸어요.

필리핀으로 이민 간 친구의 아이들을 정말 오랜만에 봤는데 몰라보게 많이 컸더라고요. 우린 이럴 때 '어른 다 됐네' 이런 말을 하는데 이왕이면 영어로 한마디 해주고 싶어요.

'성장하다', '크다'라는 의미의 'grow up'을 써서 'Hey, you grow up.' 어때?

이미 다 컸으니까 시제를 좀 바꿔보는 게 어떨까요?

'You already grew up.'

좋은 시도예요. 그런데 방금 큰 게 아니고 이제 다 컸다는 의미라서 크는 것이 끝난 듯한 뉘앙스가 있죠? 그렇다면 과거완료형이 더 좋지 않을까요?

▶▶ 그래서, 타일러가 준비한 표현은?

325

Wow. Look at you. You're all grown up.

* **해석** 와우, 얘 좀 봐요. 다 컸네요.

Check!

* Wow - 와우
* Look at you - 당신 좀 봐요
* You're all grown up - 당신은 다 자랐어요

타일러 Tip

오늘 표현에서 'You're all grown up' 이 문장만 쓰면 뭔가 어색해요. 이미 다 자랐는데 그래서 어떻다는 건지 설명이 필요하거든요. 그래서 꼭 문장 앞에 'Wow'나 'Look at you'를 함께 써주는 게 좋습니다. 비슷한 표현으로 'Wow. Look at you. You got so big'도 쓸 수 있어요.

그거 상했을지도 몰라요.

바로 듣기

회사 탕비실 냉장고에 오랫동안 빵 하나가 있었거든요. 근데 외국인 직원이 그걸 먹으려고 하길래 정확하진 않지만 상했을지 모른다고 말해주고 싶은데, 표현을 몰라 '지지'만 외쳤네요.

'I think it may be gamey.'

'Gamey'는 야생동물을 날 것으로 먹을 때 나는 피비린내 같은 냄새를 말해요. 상했다는 의미와는 다르죠.

'The food is expired.'

'Expired'는 '기한이 지난', '만료된' 이런 뜻을 가진 단어예요. 어려운 단어를 많이 아네요. 하지만 좀 더 쉽고, 간단한 단어를 생각해보세요.

▶▶ 그래서, 타일러가 준비한 표현은?

326

It may have gone bad.

* **해석** 그거 상했을지도 몰라요.

Check!

* It may~ - ~할지도 몰라요
* Have gone bad - 썩었을

타일러 Tip

'To go bad'가 '썩다', '상하다'라는 뜻을 가진 표현이에요. 외워두세요.
그리고 혹시, 기억하세요? 예전에 '유통기한이 어떻게 되나요?'라는 표현을 배울 때 'How long is this good for?(언제까지 좋은 건가요?)'를 배웠었죠. 그 표현처럼 어려운 단어를 쓸 필요가 없어요. 'Good'과 'Bad'면 충분합니다.
예를 들어 'It's bad', 'The milk is bad', 'The milk has gone bad'라고 하면 상했다, 썩었다는 의미로 다 통한답니다.

327

언제쯤 배송되나요?

난생처음 해외직구로 유모차를 구입해서 매일매일 배송정보를 확인하고 있는데요. 언제쯤 배송되는지 묻고 싶어도 영어가 안 되니 질문도 못하고… 좀 도와주세요. 참, 얼마 전엔 'Shipped to Korea'라는 말이 떴는데, 이거 배로 온다는 건 아니죠?

쉽게 가볼게. '배송' 이런 단어 빼고 그냥 'When do I get that?'

오, 좋아요. 이런 식의 문장구조로 접근하세요. 그런데 내가 배송받는 것이긴 하지만, 강조할 부분이 내가 아니라 물건이 온다는 거겠죠? 그렇게 바꿔본다면?

'When do it get that?'

'I'를 'It'으로 바꾸긴 했지만, 같은 표현이에요. 제가 알려드릴까요?

▶▶ 그래서, 타일러가 준비한 표현은?

327

When will it get here by?

*** 해석** 언제까지 여기서 그걸 받을 수 있나요?

Check!

* When will it get - 언제 받을 수 있나요?
* Here - 여기서
* By - ~까지

타일러 Tip

사실 'By'로 문장이 끝나는 게 문법적으로는 맞지 않아요. 하지만 끝에 안 두려면 문장 구조를 바꿔서 'By when will it get here?'라고 해야 되는데 이 문장구조는 상당히 고전적인 느낌이 있어요. 요즘 사람들은 비문이어도 전치사로 문장을 끝내는 경향이 있어요.
예를 들면 문법적으로 맞는 표현이라고는 해도 옛날 말투인 'For whom is it?'라고 하지 않아요. 'Who is it for?'라고 말해요. 또 오늘 표현에서 'It' 자리에 구체적으로 'Book', 'TV' 등 배송될 물건을 넣어주면 더 정확하겠죠?

328

무슨 일이든, 마음먹기에 달렸어요.

바로 듣기

주말마다 열리는 어머니학교 교사인데요. 여러 가지 사정으로 학업을 중단한 어머니들이 공부를 하고 있는데, 학교 교훈이 '세상 만사 마음먹기 달렸다' 이거거든요. 이런 의미의 표현을 영어로도 붙여놓고 싶어요.

'Whatever you do, it depends on you.(무슨 일이든, 너에게 달렸다.)'

좋은 시도이긴 한데 오늘 표현은 미국에서 유명한 인용구예요. 건국의 아버지가 쓴 말이라 표현이 딱 정해져 있어요.

그럼 혹시 이건가? 'Do whatever you, it's up to your mind.'

오~ 점점 좋아지고 있어요. 역시 미국식 감각이 있어요. 정말 듣기 좋은 단어를 던져주셨네요. 'Mind!'

▶▶ 그래서, 타일러가 준비한 표현은?

328

You can do anything you set your mind to.

* **해석** 당신이 마음만 먹는다면 어떤 것이든 할 수 있어요.

Check!

* You can do anything - 어떤 것이든 할 수 있어요.
* You set your mind to - 당신이 마음만 먹으면

타일러 Tip

오늘 표현에서 'Set' 대신 'Put'을 써도 의미는 통해요. 사실 옛날식 표현이라 요즘은 'Set you mind'라고 잘 안 쓰지만, 인용구처럼 쓰는 말이니까 알아두세요.
다른 표현으로는 'You can do anything if you put your mind to it'도 가능해요.

329

차 좀 뒤로 빼주세요.

차를 몰며 좁은 골목길에 들어섰는데 맞은편에서 차 한 대가 들어오더라고요. 차를 뒤로 빼라고 손짓을 했는데 운전자가 외국인이더라고요. 그래서 'Back! back!'이라고 말했는데 정확한 표현을 알고 싶어요.

뒤로 가라는 의미니까, 'Back'이라고만 해도 알아듣지 않아?

알아듣긴 하는데 뭔가 말이 짧아요. 짧은 말은 실례일 수 있으니까 조금 덧붙여주면 좋을 것 같아요.

그럼 미드에서 본 것 같아. 'Back up please!'

완벽해요. 팡파르 울려드릴게요!

▶▶ 그래서, 타일러가 준비한 표현은?

329

Please back up.

*** 해석** 후진해주세요.

Check!

* Please - 제발

* Back up - 후진하세요

타일러 Tip

'후진해주세요'가 'Please back up'이라면 '전진해주세요'는 'Please go forward'니까 참고하세요.
'Back up'은 또 여러 상황에서 쓸 수 있는데요. 컴퓨터를 백업시켜야 한다고 할 때, 'To back up your data', 'Back up your hard drive'라고 쓸 수 있어요.
하지만 무대 위 가수들의 백업댄서는 '지지하다, 뒷받침하다, 지원하다'는 의미의 'Back up'을 쓴다는 것도 참고하세요.
마찬가지로 경찰하고 군인들이 작전을 짤 때도 이렇게 '지원'이라는 의미에서 'Back up'을 쓰기도 하고요!

330

배고파 죽을 것 같아요.

외국인 동료가 그러는데 우리나라 사람들은 '죽겠다'는 표현을 너무 많이 한대요. 배불러 죽겠다, 배고파 죽겠다, 힘들어 죽겠다 등등. 영어로도 이런 느낌을 살릴 수 있을까요?

'I'm very very hungry.'

좋아요. 틀린 건 없어요. 그런데 미드에서 접해봤을 말이 있는데 다시 시도해주세요. 배고파 죽는 건 '아사'인데… '아사하다'가 뭐죠?

'I'm starving to death.'

너무 좋아요. 팡파르 울려드릴게요.

▶▶ 그래서, 타일러가 준비한 표현은?

330

Oh my god I'm starving.

* **해석** 세상에 배고파 죽겠어요.

Check!

* Oh my god - 세상에
* I'm starving - 배고파 죽겠어요

타일러 Tip

여기서 말하는 'Starving'은 'To starve'라는 동사이고 직역하면 '아사하다'예요. 정말 과하게 말하는 거죠? 영철 형이 말한 'I'm starving to death'를 좀 더 설명하면, 식사를 했어야 했는데 끼니를 놓치고 아직 아무것도 못 먹어서 죽도록 배가 고프다는 의미예요. 근데 'I'm starving'이라고 하면 'Starving'이라는 단어 자체가 심각하게 배가 고프다, 배고파 죽겠다는 의미를 담고 있어요. 비슷한 표현으로 'I'm so hungry. I could starve to death'라고 써도 좋아요.

복습하기

316 ~ 330

- 제 SNS에 이 사진을 올려도 될까요?
- 오래 살다 보니 별일이 다 있네요.
- 그렇게 먹으면 말짱 도루묵이에요.
- 엔화로 결제할게요.
- (그 사람) 쌤통이에요.
- 꼬리가 참 기네요.
- 시원섭섭하네요.
- 생각할 시간을 좀 주세요.
- 이만 (전화) 끊을게요.
- 와우, 얘 좀 봐요. 다 컸어요.
- 그거 상했을지도 몰라요.
- 언제쯤 배송되나요?
- 무슨 일이든, 마음먹기에 달렸어요.
- 차 좀 뒤로 빼주세요.
- 배고파 죽을 것 같아요.

복습하기

316 ~ 330

- Do you mind if I post this on my Instagram(플랫폼 이름)?
- Anything can happen if you live long enough.
- You won't get anywhere if you eat like that.
- I'd like to pay in Yen.
- He deserved it.
- Stop leaving the door open all the time.
- Bittersweet.
- I'd have to give it some thought.
- Have a good one.
- Wow. Look at you. You're all grown up.
- It may have gone bad.
- When will it get here by?
- You can do anything you set your mind to.
- Please back up.
- Oh my god I'm starving.

331

그럴 운명이었어요.

바로 듣기

용돈을 아끼고 모아서 아프리카의 동갑내기 친구를 후원하고 있어요. 그 친구에게 영어 편지를 쓰려는데 우리가 만난 건 운명인 것 같다고 말해주고 싶어요.

간단하게 시도해볼게. 'We are destiny.(우린 운명이야.)'

엇! 사귀는 건가요? 재미있네요. 좋은 표현이고 잘 옮기셨는데 왠지 오글거려요.

'It's destiny to know you.(너를 아는 건 운명이야.)'

풀어서 말하니까 좀 낫네요. 하지만 'Destiny'라는 단어를 쓰지 않고도 운명이라는 의미를 전달할 수 있는 표현이 있어요!

▶▶ 그래서, 타일러가 준비한 표현은?

331

It was meant to be.

* **해석** 그건 그렇게 될 일이었어요.

Check!

* It was meant - 그것은 의미합니다
* To be - 그렇게 되려고

타일러 Tip

오늘 표현은 아무에게나 쓰기보다는 애인이나 애인이었으면 하는 사람에게 쓰면 좋아요. 비슷한 표현으로 'It's fate(그건 운명이에요)'라고 해도 좋고요.
연인의 느낌이 아닌 일반적으로 '우리가 만난 건 잘된 일이야'라고 말하고 싶을 때는 'I'm so glad that we met'라고 하면 더 좋습니다.

332

답이 안 나와요.

회사 일이 너무 힘들어서 때려치우고 싶은데 카드 값 때문에 막상 그럴 용기는 없고, 이러지도 못하고 저러지도 못할 때 '답이 없다'라고 하잖아요. 이것도 영어 표현이 가능한가요?

'답'은 'answer'니까, 'There's no answer.'

이건 전화를 했는데 아무도 대답이 없다는 말처럼 들려요. 대답이 없다는 말이긴 하지만요.

'Why not me?(왜 난 안 돼?)'

이런 식의 문장구조는 좋아요. 질문으로 가는 게 정말 좋아요. 답이 안 나온다고 직역하기보다는 자신의 상황을 돌아보는 표현이죠.

▶▶ 그래서, 타일러가 준비한 표현은?

332

What can you do?

*** 해석** 사람이 뭘 할 수 있나요?

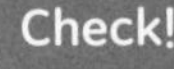

* What can you do? - 사람이 무엇을 할 수 있나요?

타일러 Tip

오늘 표현은 뉘앙스가 매우 중요합니다. 한숨을 쉬면서 체념한 듯한 말투로 말이죠. 팟캐스트로 말투도 꼭 확인해주세요!
비슷한 표현으로, 'Nothing you can do(할 수 있는 게 아무것도 없어요)'를 써도 좋아요.
또 오늘 표현에 나온 'You'는 특정인물 '당신'을 의미하는 게 아니라, '일반적으로 사람이 어떠어떠하다'를 말해요. '사람이 어떻게 할 수 있겠니?', '사람이 뭘 할 수 있겠니?' 이런 의미가 되는 거죠. 결국 받아들일 수밖에 없다는 의미가 되는 겁니다.

살이 좀 붙었어요.

바로 듣기

저는 살이 안찌는 체질인데, 너무 마르니까 아파보인다고 해서 일부러 고열량식으로 먹었거든요. 덕분에 살도 좀 붙고, 얼굴도 좋아 보인다는 소리를 듣고 있습니다. 근데 살이 붙었다는 말은 영어로 어떻게 표현하나요?

'I look like a pig.(내가 돼지처럼 보여요.)'

하하하. 재미있네요. 그렇게 표현하는 사람들이 있죠. 'Pig'라고 스스로 묘사해도 되는데 다른 사람에게는 절대 쓰지 말아주세요!

그럼 'weight(무게)'랑 'gain(찌다)'를 써서 'I gained weight.'

우와 정말 완벽해요! 형이 진미영 하다 보니까 정말 정~말 잘하게 된 것 같아요. 팡파르 울려드릴게요.

▶▶ 그래서, 타일러가 준비한 표현은?

333

I gained weight.

* **해석** 몸무게가 늘었어요.

Check!

* I gained - 나는 얻었어요, 나는 늘었어요
* Weight - 몸무게, 체중

타일러 Tip

반대로 많은 여성분들이 쓰고 싶어 하는 말이죠. '살 좀 빠졌어.' 이 말은 'Gained' 자리에 '잃다', '빠지다'라는 의미를 가진 'Lost'를 쓰면 됩니다. 'I lost weight.' 간단하죠?

334

과일이 필요하면 연락주세요.

카페에 생과일을 납품하는 일을 하고 있어요. 영업을 위해 찾아간 카페의 바리스타가 외국인이더라고요. 그래서 과일이 필요하면 연락 달라고, 명함을 주며 'Call me, call me'라고 했더니 '저 남친 있어요'라고 해서 정말 무안했어요. 정확한 표현을 알고 싶어요!

'You need live fruit, call me.(살아 있는 과일이 필요해요, 전화주세요.)'

생과일을 'Live fruit'라고 생각한 것 같은데, 살아 있는 건 아니죠?

'You need organic fruit and then call me.'

'Organic'은 유기농이죠? '싱싱한', '신선한'이란 단어가 필요해요.

▶▶ 그래서, 타일러가 준비한 표현은?

334

Contact me if you need fresh fruit.

*** 해석** 생과일이 필요하다면 연락주세요.

Check!

* Contact me - 연락주세요
* If you need - 만약 당신이 필요하다면
* Fresh fruit - 생과일

타일러 Tip

명함(연락처)을 주면서 'Call me'라고 했기 때문에 상대방은 자기에게 이성적인 관심이 있다고 생각했을 거예요. 사업 혹은 공적인 연락을 기다린다면, 'Call me'보다는 'Contact me(연락주세요)'를 쓰는 게 공식적인 표현이에요. 아니면 'Let me know(알려주세요)'를 붙여도 좋아요. 그리고 오해를 완전히 없애고 싶으면, 왜 연락을 달라고 하는 건지 이유를 밝히면서 말하는 게 제일 좋겠죠?

335

가고 싶은 데 있어요?

호주에서 고모가 오시는데 한국어를 하시긴 하지만 영어로 물어보면 좋아할 것 같아서요. 가고 싶은 데 있는지 어떻게 물어보면 좋을까요?

이 표현은 한국에 놀러온 지인들에게 많이 쓸 수 있는 표현인 것 같아. 일단 내가 준비한 표현은 'Where do you want to go?(어디에 가기 원하세요?)'

접근은 잘 했는데 뉘앙스가 조금 달라요. '가고 싶은 곳'이 주어가 되어야겠죠?

'Let's go you want to go.(네가 가고 싶은 데로 가자.)'

좋은 시도예요. 그런데 그건 물어보는 게 아니라 제안하는 거잖아요? 물어보려면 어떻게 해야 할까요?

▶▶ 그래서, 타일러가 준비한 표현은?

335

Is there somewhere you want to go?

*** 해석** 가고 싶은 곳이 있나요?

Check!

* Is there somewhere - 어디인가요?
* You want to go - 당신이 가길 원하는 곳

타일러 Tip

오늘 표현에 좀 더 추가해서 '특별히 가고 싶은 데가 있나요?'라고 묻고 싶을 땐, 'In particular'나 'Special'을 추가하면 됩니다. 'Is there somewhere in particular you want to go?' 아니면 'Is there somewhere special you want to go?'라고 하면 '특별히 가고 싶은 데 있나요?'라는 의미가 되는 거죠. 그럼 좀 더 의미 있는 곳을 물어보는 느낌이 난답니다.

336

정원이 초과됐어요. 당신이 내려야 해요.

엘리베이터를 탔는데, 정원이 초과됐거든요. 마지막에 탄 외국인에게, 'You should get off' 라고 말했는데 너무 무례했던 것 같아요. 정중한 표현이 없을까요?

타일러가 'should'는 강압적인 느낌이 많이 든다고 했으니까 'I think you have to get off elevator because limitation over 11 person. So you're 12 or 13. Why don't you get up elevator.'

무례하게 들리지 않으려고 너무 구구절절 얘기를 한 것 같은데 그럴 필요 없어요. 간단하게 말하면 됩니다.

'You should get off this elevator limitation is over.'

그런 식으로 'Over'를 쓰면, '한계가 없다', '한계가 끝났다'는 의미에요. 'Over'를 쓰고 싶다면 'We're over the limit'라고 하면 되지만, 제가 준비한 표현은 더 간단해요!

▶▶ 그래서, 타일러가 준비한 표현은?

336

It’s full. You should get off.

*** 해석** 꽉 찼어요. 당신이 내리셔야 합니다.

Check!

* It’s full - 꽉 찼습니다.
* You should get off - 당신이 내려야 합니다.

타일러 Tip

‘Full’을 컵을 꽉 채울 때 쓴다고 생각하지만 공간에도 쓸 수 있어요. 식당에 갔는데 매니저가 자리가 없다고 말할 때 ‘Sorry, we’re full’이라고 하고요. 배가 부를 때도 ‘I’m full’이라고 하면 뜻이 통해요.
사연 주신 분이 ‘You should get off’라고 정확하게 맞는 표현을 썼는데, 무례하다고 느낀 이유는 영어로 명령할 때는 앞에 꼭 이유를 밝혀서 설명해주는 게 좋아요. 그래서 ‘It’s full’을 먼저 쓰는 겁니다.
비슷한 표현으로, ‘It’s too full. I think you’re going to have to take the next one’이라고 해도 돼요.

337

개구리 올챙이적 생각 못해요.

아이들과 속담을 영어로 바꿔보기로 했는데요. 첫 속담부터 막혔어요. '개구리 올챙이적 생각 못한다'는 영어로 어떻게 바꿀 수 있을까요?

'Frog(개구리)'는 안 들어갈 것 같아. 어릴 때 생각을 못한다고 바꿔야 하나?

한국 속담이지만 이것 역시 어차피 비유를 한 거니까 그대로 영어로 옮겨도 돼요. 시도해보세요.

'Frogs can't think when one's childhood.'

귀엽네요. 좋은 시도인데 개구리의 '어릴 적'은 뭐라고 해야 할까요? 개구리가 되기 전의 모습이죠?

▸▸ 그래서, 타일러가 준비한 표현은?

337

Sometimes frogs forget that they were tadpoles once too.

* **해석**　때때로 개구리는 그들이 올챙이였다는 것을 잊어버립니다.

Check!

* Sometimes - **때때로**
* Frogs forget that - **개구리는 그것을 잊어버립니다**
* They were tadpoles once too - **그들이 한때 올챙이였다는 것을**

타일러 Tip

속담을 영어로 옮기고 싶을 때는 맥락을 살려서 적재적소에 직역하면 영어로도 전달이 되는 경우가 많아요.
오늘 표현은 문장 구조가 매우 중요하니까 꼭 기억해두고 응용해보세요.
- Sometimes __(어떤 사람) forget __(어떤 것).

338

촬영 금지입니다.

바로 듣기

영화 세트장에 놀러갔는데, 사진촬영 금지인 구역이 있더라고요. 근데 외국인관광객이 푯말을 못보고 사진을 찍고 있길래 'No camera'라고 말했는데, 표정을 보니 직감적으로 잘못된 표현임을 알았습니다. 알려주세요.

'Do not take photo.'

'Do not'을 쓰셨네요. 써도 되긴 하는데 쓰려면 붙여 쓰는 게 낫고, 사실 이럴 땐 그냥 싹 빼는 게 좋아요.

'No photo.'

좋아요! 하지만 정확한 표현이 되려면 알파벳 하나를 더 붙여야 해요. 딱 하나만 더요!

▶▶ 그래서, 타일러가 준비한 표현은?

338

No photos.

* **해석** 사진 금지입니다.

Check!

* No photos - 사진촬영 금지

타일러 Tip

사진은 한 번만 찍는 게 아니니까 무조건 복수가 되어야 합니다. 그래서 'No photos', 'No cameras'라고 하면 완벽해요.
영철 형이 말한 'No photo'라고 해도 의미는 통해요. 하지만 외국인에게 이렇게 말하면, '원어민이 아니네', '다른 나라에서 왔나봐' 이렇게 생각할 거예요. '-s' 하나 차이지만 이게 바로 진짜 미국식 영어겠죠? 그리고 예의를 좀 갖추고 싶으면, 문장 끝에 'Please'만 갖다 붙이시면 돼요!

당신이 아는 사람인가요?

바로 듣기

외국인 동료와 길을 가는데, 정말 예쁜 여성과 인사를 나누더라고요. 소개해달라고 하고 싶었는데, 그 전에 '아는 사람이야?' 이렇게 물어봐야 하잖아요. 어떻게 하면 될까요?

이건 너무 쉬울 것 같은데? 'Do you know her?'

맞아요! 전혀 어려울 게 없는데, 청취자분은 어렵게 생각한 것 같아요. 팡파르 울려드릴게요.

▶▶ 그래서, 타일러가 준비한 표현은?

339

Do you know her?

*** 해석** 당신은 그녀를 아나요?

Check!

* Do you know - 당신은 아나요?

* Her - 그녀를

타일러 Tip

'her' 자리에 'him', 'them', 'that guy', 'that girl', 'that person' 등등 다양하게 넣을 수 있어요.
제3자를 끼지 않고 낯이 익은 사람에게 쓸 수 있는 표현으로는 'Hey, do I you know?(내가 당신을 아나요?)', 'Do we know each other?(우리 아는 사이인가요?)'라고 하면 됩니다.

340

마음을 다잡아야겠어요.

어학연수를 끝내고 한국으로 돌아오기 전에 홈스테이 주인아저씨와 제 미래에 대해 얘기했는데요. 이제 한국에 가면 마음을 다잡겠다고 'I need to buckle up'이라고 했는데, 못 알아 듣더라고요. 공부 헛한 것 같아요.

'I need to restart.(나는 다시 시작하는 게 필요해요.)'

이렇게 생각할 수도 있겠네요. 그런데 다시 시작해야 한다는 말은 오늘 표현과 뉘앙스가 살짝 다르죠? 마음을 다잡는 건, 마음가짐을 다시 하고 좀 더 확실히 해야 한다는 느낌이 들어가야 해요.

'I need to fresh up.'

'I need to OOO', 이 표현은 좋아요. 뒷 부분을 조금 바꿔야 하는데 조금 생각해내기 힘든 표현일 거 같아요. 제가 알려드릴게요.

▶▶ 그래서, 타일러가 준비한 표현은?

340

I need to buckle down.

* **해석** 나는 본격적으로 덤빌 필요가 있어요.

Check!

* I need to - 나는 필요해요
* Buckle down - 본격적으로 덤비다

타일러 Tip

'Buckle up'이라고 하면 벨트를 꼼꼼하게 매라는 의미에요. '오직' 벨트를 맬 때만 쓰는 말이에요. 근데 'Buckle down'은 '확실하게 묶어두다'는 뜻으로, 본격적인 시작을 하겠다는 의미입니다. 할 일이 많고, 확실히 해내겠다는 의지가 들어가 있는 말이에요. 그러니 마음을 다잡을 때는 'Buckle down'을 쓰는 게 맞겠죠.

341

잔돈으로 좀 바꿔주세요.

베트남 여행을 갔다 돌아오는 길에 공항에서 안마의자를 이용하고 싶었어요. 그런데 저한테 고액권만 있더라고요. 가게에 들어가서 소액권으로 바꿔달라고 하고 싶을 때, 어떻게 말해야 할까요?

큰돈에서 작은 돈으로 바꾸는 거니까 'Can I change to small bills?'

그 표현을 직역하면, '제가 작은 지폐가 될 수 있나요?' 이런 뜻이에요.

'Could you change to small bills for me?'

이건 목적어가 빠져 있어요. '당신이 저를 위해 작은 돈이 되어줄 수 있나요?'라는 의미에요. 이렇게 말해도 솔직히 이해는 하는데, 정확한 문장은 아니에요.

▶▶ 그래서, 타일러가 준비한 표현은?

341

Could you change this to smaller bills for me, please?

* **해석** 잔돈으로 바꿔주시겠어요?

Check!

* Could you change this - 이걸 바꿔줄 수 있나요?
* To smaller bills - 더 작은 돈으로
* For me - 나를 위해

타일러 Tip

오늘의 표현에서 다음의 밑줄 친 부분에 돈 단위를 바꿔가며 쓰면 됩니다.

- Could you change this __ to __ for me, please?

그리고 비슷한 표현으로는 'Do you have change for __?'를 쓸 수 있어요. 마찬가지로 밑줄 친 부분에 돈 단위를 넣으면 됩니다!

342 제가 동네북인가요?

밖에서 언짢은 일을 당하고 온 아빠가, 항상 저에게 화풀이를 해요. 그럴 때마다 제가 동네북이냐고 한마디 하고 싶지만, 아빠에게 그러면 안 되겠죠? 영어 표현이라도 알고 싶어요.

'Am I your town drums?'

동네북을 'Town drums'로 바꿨는데, 미국에서 쓰는 다른 용어가 있어요. 그건 이따 알려줄게요.

'Am I easy to you?(내가 너한테 그렇게 쉽니?)'

'Easy'는 '헤프다'라고 해석되는 경우가 많아서 내가 화풀이 상대냐고 물을 때 쓰기엔 어울리지 않아요.

▸▸ 그래서, 타일러가 준비한 표현은?

342

Is it my fault?

*** 해석** 이게 내 잘못인가요?

Check!

* Is it my fault - **이게 내 잘못인가요?**

타일러 Tip

'동네북'이라는 말을 꼭 넣고 싶다면 흔히 샌드백이라고 말하는 복싱 연습할 때 쓰는 'Punching bag'**을 쓰면 됩니다.** 'Am I your punching bag?' **이렇게 해도 된다는 거, 기억하세요!**

343

나도 숨 좀 쉬자!

회사일도 너무 바쁜데, 집에 오면 육아에 집안일까지… 하루하루가 너무 힘드네요. 이럴 때, 나도 숨 좀 쉬자고 어딘가 내뱉고 싶은데 말할 데는 없고, 제 카톡 프로필에라도 올려놓고 싶은데 영어 표현 알려주세요!

'I need take to breath.(숨을 쉴 필요가 있어요.)'

'Breath(숨)'을 쓰고 싶다면, 'I need to catch my breath(숨 좀 돌릴게요)' 이런 의미가 되게 해주는 게 좋아요. 열심히 일하다가 스트레스가 쌓이니 잠깐 쉬고 싶다는 의미가 되어야 해요.

'I need to rest.(난 휴식이 필요해요.)'

이건 그냥 쉬고 싶다는 의미에요. 하지만 오늘 표현은 못 쉬고 있으니 잠깐이라도 쉬게 해 달라는 답답함이 담겨 있어야 해요.

▶▶ 그래서, 타일러가 준비한 표현은?

343

I need space to breathe.

* **해석** 나는 숨 쉴 여유가 필요해요.

Check!

* I need - 나는 필요해요
* Space to breathe - 숨 쉴 여유가

타일러 Tip

'Breath'는 '숨'이라는 뜻의 명사에요. 하지만 끝에 '-e'를 붙인 'Breathe'는 '호흡하다', '숨쉬다'라는 뜻의 동사가 됩니다. 또 오늘 표현은 'Give me some space to breathe(숨 쉴 여유를 주세요)', 'Give me a break(나를 내버려 두세요)' 이렇게 바꿀 수도 있어요.

제 짐 좀 맡아주시겠어요?

바로 듣기

일본 여행을 가서 게스트하우스에 묶게 됐는데, 여러 사람이 한 방을 쓰다 보니 귀중품을 주인에게 맡겨야 할 것 같더라고요. 일본어 번역기를 보여주긴 했는데, 영어 표현도 알고 싶어요.

이건 정말 많이 쓰는 표현인 거 같아. 내가 공부했던 거 떠올려 보면 'Could you keep on my things?'

'Could you keep your eyes on my things?(제 물건 좀 봐 주시겠어요?)'라고 주로 표현해요.

'Please keep my baggage.'

'Baggage'라고 하면 '짐'을 말하는 거지만, 주로 공항에서 끌고 다니는 수트케이스 가방을 말해요. 그냥 뭐라도 봐달라고 할 수 있는 표현이 따로 있어요. 알려드릴까요?

▶▶ 그래서, 타일러가 준비한 표현은?

344

Can you watch my stuff (for me)?

* **해석** 내 짐 좀 봐줄 수 있나요?

Check!

* Can you watch - **봐줄 수 있나요?**
* My stuff - **제 짐을**

타일러 Tip

모르는 사이일수록 문장은 자세하고 길게 말하는 게 좋아요. 그게 좀 더 공손해 보이기 때문이에요. 오늘 표현에서 'For me'를 넣느냐, 안 넣느냐의 차이 역시 친밀도의 차이라고 할 수 있어요. 그리고 'Watch' 말고 'Hold on'을 써서 'Can you hold on my stuff (for me)?'라고 해도 됩니다.

345

저 1년 휴학할 거예요.

다음 학기에 휴학을 할 예정인데 대학 와서 친해진 외국인 친구에게 휴학한다는 소식을 어떻게 전해야 할지 모르겠어요. 이왕이면 영어로 말하고 싶어요.

'I'll quit my major for one year.'

그건 전공을 포기하고 버린다는 의미가 돼요. 근데 그게 아니라 1년 쉬다 다시 돌아오는 거잖아요.

'I'll be back after one year.'

풀어서 설명하는 것도 좋은 시도예요. 휴학을 말하는 방법은 '1년을 쉰다'고 표현하면 됩니다. 직장생활 할 때 '하루 쉴게요'라고 말할 때랑 매우 비슷하겠죠?

▸▸ 그래서, 타일러가 준비한 표현은?

345

I'm going to take a year off.

* **해석** 나는 1년 쉴 예정이에요.

Check!

* I'm going to~ - 나는 ~할 예정이에요
* Take a year off - 1년 쉴

타일러 Tip

오늘 표현을 응용해볼까요? 학교가 아니라 직장에서, 1년이 아닌 하루를 쉰다고 한다면, 'I'm going to take a day off'라고 하면 됩니다.
쉰다는 표현은 항상 'Take' 동사와 함께 써야 해요. 'Take holiday', 'Take a six month off' 등을 넣어서 다양하게 응용해보세요!
또 참고로 영국식 영어로는 1년의 휴학을 'Gap year'라고 부르는 것으로 알고 있는데, 이 표현을 미국에서 쓰면 좀 이상하게 들려요. 알아들을 수는 있지만 왠지 'Gap'이라는 말이 뭔가 결핍됐거나 모라자다는 느낌이 있어서 조금 불편하게 들리거든요.

복습하기

331 ~ 345

- 그럴 운명이었어요.
- 답이 안 나와요.
- 살이 좀 붙었어요.
- 과일이 필요하면 연락주세요.
- 가고 싶은 데 있어요?
- 정원이 초과됐어요. 당신이 내려야 해요.
- 개구리 올챙이적 생각 못해요.
- 촬영 금지입니다.
- 당신이 아는 사람인가요?
- 마음을 다잡아야겠어요.
- 잔돈으로 좀 바꿔주세요.
- 제가 동네북인가요?
- 나도 숨 좀 쉬자!
- 제 짐 좀 맡아주시겠어요?
- 저 1년 휴학할 거예요.

복습하기

331 ~ 345

- It was meant to be.
- What can you do?
- I gained weight.
- Contact me if you need fresh fruit.
- Is there somewhere you want to go?
- It's full. You should get off.
- Sometimes frogs forget that they were tadpoles once too.
- No photos.
- Do you know her?
- I need to buckle down.
- Could you change this to smaller bills for me, please?
- Is it my fault?
- I need space to breathe.
- Can you watch my stuff (for me)?
- I'm going to take a year off.

346

그 사람은 도움이 안돼요.

항상 부정적인 말로 사기를 떨어트리는 직원이 있어서 외국인 직원과 뒷담화 좀 하고 싶어요. 걔는 도움이 안 된다는 말을 하고 싶은데, 어떻게 하면 좋을까요?

'I think he's useless.(나는 그가 쓸모없는 사람이라고 생각해.)'

쓰기는 써요. 하지만 많이 센 표현이에요. 그 사람을 버리겠다는 말처럼 들려요.

'He's not helpful.(그는 도움이 안돼요.)'

좋아요, 이렇게 표현할 수도 있어요. 하지만 '쟤 왜 저래?'라는 뉘앙스까지 담긴 표현이 따로 있어요.

▶▶ 그래서, 타일러가 준비한 표현은?

346

He's no help.

* **해석** 그는 도움이 안 돼요.

* He's no help - 그는 도움이 안 돼요

타일러 Tip

오늘 표현은 정말 센 표현이에요. 당신이 빠져야 해결이 된다는 의미니까 무례하고, 독한 표현이에요. 그래서 오늘 표현은 뒤에서 얘기할 때는 쓸 수 있지만, 당사자에게 직접 'You're no help(너는 도움이 안 돼)'라고 쓸 때는 정말 주의하셔야 해요.
이런 식으로 'You're no OOO'이라는 문장구조를 다른 경우에도 쓸 수 있어요. 예를 들면 놀자고 계속 졸랐는데 단 한 번도 놀아주지 않는 사람에게 실망하면서 'You're no fun'이라고 쓸 수 있겠죠?

347

여러 가지 시켜서 나눠 먹어요.

음식에 대한 호기심이 많아서 식당에 가면 여러 가지 음식을 시켜서 조금씩 맛보는 걸 좋아하는데요. 친구에게 여러 가지 시켜서 나눠 먹자고 말하고 싶을 때, 어떻게 말하면 좋을까요?

'Hey, let's share the food.'

'Let's share(나눠 먹자)'는 좋았어요. 근데 주문부터 하고 나눠 먹어야죠?

'Let's order and then share the food.'

근접해요. 점점 가까워지고 있어요!

▶▶ 그래서, 타일러가 준비한 표현은?

347

Let's order a few things and share.

* **해석** 몇 개를 시켜서 나눠 먹어요.

Check!

* Let's order - 주문하자
* A few things - 몇 가지를
* And share - 그리고 나누자

타일러 Tip

'Let's share'만 하면 '나누자'라는 의미밖에 안 되니까, 오늘 표현과 같은 문장 구조가 되면 조금 더 자연스러워요. 참고로 영어권에서 음식을 나눠 먹는 걸 좋아하지 않는 사람도 많기 때문에 나눠 먹고 싶을 때는 '나눠 먹을까?' 하고 먼저 물어보는 게 좋아요. 이럴 때는 'Let's' 대신에 'Do you want to…'를 써서 'Do you want to order a few things and share?'라고 하면 되겠죠?

348

헛다리 짚지 마세요.

바로 듣기

회사에서 피곤해서 가만히 있었더니 동료들이 '팀장한테 깨졌나?', '부부싸움 했나?' 하면서 자꾸 수군대네요. 안 그래도 피곤한데 설명하기도 귀찮고, 헛다리 짚지 말라고 한마디 해주고 싶었어요.

오버해서 앞서 생각하지 말라는 의미로 'Don't exaggerate.(오버하지마.)'

근데 헛다리와 오버하는 건 다르지 않나요?

'Don't think too much about it.(그것에 대해 너무 생각하지 마.)'

그건 '너무 생각하지 말아요', '너무 집착하지 말아요'처럼 들리는데 그것보다 좀 더 미국적인 표현이 있어요.

▶▶ 그래서, 타일러가 준비한 표현은?

348

Oh, no, it's nothing like that.

* **해석** 오, 아니요, 전혀 그것과 관련이 없어요.

Check!

* Oh, no - 오, 아니에요
* It's nothing like that - 전혀 관련 없어요

타일러 Tip

오늘 표현에는 '얘기하고 싶지 않고, 밝히고 싶지 않으니까 말하지 마세요' 이런 뉘앙스가 조금 부드럽게 담겨 있어요. 아무리 친한 사이라도 'Shut up(닥쳐)'은 무례한 말이니까 차라리 이렇게 풀어서 의미를 전달하는 게 좋아요.

349

땀이 많이 나는 체질이에요.

몸에 땀이 많아서 여름을 좋아하지 않는데, 이런 이유를 외국인 동료에겐 어떻게 표현하면 좋을까요?

오늘 표현은 여름에 정말 많이 쓸 것 같아. 'sweat(땀)'을 써서 'I have a lot of sweat.'

'제가 땀을 많이 모아놨어요. 많이 가지고 다녀요.' 이렇게 들릴 것 같아요. 다르게 표현해보세요.

'I'm a sweat person.'

그건 땀을 좋아하는 사람이라는 뜻으로 들려요. 'I'm a sweaty person'이라고 하면 맞는 표현이 될 수 있겠죠.

▶▶ 그래서, 타일러가 준비한 표현은?

349

I sweat a lot.

*** 해석** 저는 땀이 많이 나요.

Check!

* I sweat - 저는 땀이 나요
* A lot - 많이

타일러 Tip

'Sweat'는 명사와 동사로 쓰일 때 둘 다 스펠링이 같아요. 명사일 때는 '땀', 동사일 때는 '땀이 나다'라는 뜻이고, 오늘 표현에서는 동사로 쓰였어요.
또 반대로, 땀이 잘 안 나는 사람이라고 말하고 싶을 땐 'I don't sweat', 'I don't sweat a lot'이라고 하면 됩니다.
그리고 'I'm a OOO person'이라고 하면 OOO을 좋아한다는 의미로 통해요. 그러니까 겨울을 좋아하는 사람은 'I'm a winter person'이라고 하면 되고, 커피를 안 좋아하는 사람은 'I'm not a coffee person'라고 하면 되겠죠?

350

고기를 좀 더 익혀주시겠어요?

제가 장이 약해서 고기는 바싹 익혀 먹는데요. 베트남 여행을 가서 'Well-done'으로 시켰는데 핏기가 보이는 것 같아 더 익혀달라고 말하고 싶었어요. 이럴 땐 어떻게 말해야 하죠?

'Could you cook more?'

좋아요. 근데 정중하게 부탁해야 하는 거니까, 조금 더 길게 말해보세요.

'Could you cook this steak a little bit more, please?'

좋아요. 살짝만 조절하면 굉장히 자연스러운 미국식 표현이 될 것 같아요.

▶▶ 그래서, 타일러가 준비한 표현은?

350

Can you cook it a bit more, please?

* **해석** 조금만 더 익혀주시겠어요?

Check!

* Can you cook it? - 요리해주시겠어요?
* A bit more - 조금 더

타일러 Tip

오늘 표현을 식당에 가서 다짜고짜 쓰면 요리사에게 무례하게 들릴 수 있어요. 자신의 요리를 마음대로 평가하는 게 되니까요. 그래서 오늘 표현을 쓰기 전에 'It's not cooked all the way(제대로 익지 않은 것 같아요.)'를 붙여주면 훨씬 더 자연스럽고 좋아요.

351

그건 1회용 카드입니다.

바로 듣기

퇴근길에 지하철을 타려는데 외국인 관광객이 개찰구에서 애를 먹고 있더라고요. 보니까 1회용 교통카드라 한 번밖에 못 쓰는 카드였는데 그걸 다시 쓰려니까 작동이 안됐던 거예요. 근데 이걸 영어로 어떻게 설명해줄 수 있을까요?

'This card use only one time.'

좋아요! 'card'와 'use' 사이에 어떤 단어 하나만 더 들어가면 완벽해요!!

'This card can use only one time.'

방향을 잘 찾긴 했는데, 정확한 문장이 되려면 'This card can be use only one time'이 되어야겠죠. 'Can be'가 중간에 들어가야 해요.

▶▶ 그래서, 타일러가 준비한 표현은?

351

You can only use that card once.

* **해석** 당신은 그 카드를 딱 한 번만 쓸 수 있습니다.

Check!

* You can only use - 당신은 오직 사용할 수 있습니다
* That card - 그 카드를
* Once - 한번만

타일러 Tip

세계 곳곳을 다녀 봐도 한국의 대중교통 시스템은 정말 잘 되어 있어요. 근데 다른 나라에서는 1회용권이 정말 한 번만 쓰고 버릴 수 있게 종이나 플라스틱으로 되어 있는데, 한국은 1회용권도 카드처럼 만들어져 있기 때문에 다른 나라에서 온 사람은 헷갈릴 수 있어요. 오늘 표현을 잘 기억해뒀다가 다음에 곤란해 하는 외국인에게 설명해주면 좋겠네요!

352

그런다고 안 죽어요.

동료 중에 한 명은 말끝마다 '죽겠다'를 붙여요. '배고파 죽겠다', '힘들어 죽겠다' 이렇게 말이죠. 그럴 때마다 '그런다고 안 죽어'라고 말해주고 싶은데, 영어 표현도 알고 싶어요!

'Hey, you're not gonna die.(이봐, 넌 죽지 않을 거야.)'

맞는 표현이긴 해요. 근데 '배고파 죽겠어'를 영어로 옮긴다고 했을 때 그 표현에 대한 영어 반응이라고 생각하면 좀 부족한 감이 있어요. 이럴 땐 더 자주 쓰는 말이 있어요.

'You not gonna kill.'

이건 당신이 누군가를 죽이지 않을 거라는 의미죠? 'Kill'을 잘 생각하긴 했는데, 방향이 달라요.

▶▶ 그래서, 타일러가 준비한 표현은?

352

It’s not going to kill you.

* **해석** 그렇다고 널 죽이진 않을 거예요.

Check!

* It’s not going~ - ~하진 않을 거예요
* To kill you - 당신을 죽이지는

타일러 Tip

오늘 표현에서 ‘Kill’ 대신 ‘Die’를 쓸 순 있어요. ‘Die’를 쓰고 싶다면, ‘You’re not going to die or something(당신은 죽거나 그럴 일이 아니야)’ 이렇게 표현할 수 있어요.

좋은 말로 할 때…

바로 듣기

부장님의 말버릇은 '좋은 말로 할 때…' 이 말을 항상 붙여요. '좋은 말로 할 때 일해라', '좋은 말로 할 때 퇴근해라' 이렇게 말이죠. 영어로도 이 느낌을 표현할 수 있을까요?

'I will say good way.(좋은 방법으로 말할게요.)'

'I will say it in a good way' 하면 맞겠지만, 살짝 방향을 틀어서 다른 표현을 한번 찾아보세요.

'I'm going to say with good manner.(좋은 태도로 말할게요.)'

'Good manner'나 'Good way' 이런 표현도 좋지만 더 간략한 것도 있어요.

▶▶ 그래서, 타일러가 준비한 표현은?

353

I'm going to tell you nicely.

*** 해석** 친절하게 말할게요.

Check!

* I'm going to tell you - 나는 당신하게 말할 거예요
* Nicely - 친절하게, 잘

타일러 Tip

오늘 표현은 '지금부터 친절하게 얘기할 테니까, 내 말을 잘 들어' 이런 뉘앙스가 담겨 있어요. 약간 화가 나 있는 상태인 거죠. 협박으로 들릴 수도 있어요.
오늘 표현을 말한 다음에 뒤에 문장을 붙이면 됩니다. 'I'm going to tell you nicely. Get your work done.(친절히 말할게. 일을 다 끝내.)'
근데 오늘 표현을 부탁할 때도 쓸 수 있어요. 그땐 'Tell(말로 시키다)' 대신 'Ask(물어보다)'를 쓰면 좀 더 공손하게 들려요.
예를 들어 볼까요?

- I'm only gonna ask you once.
  딱 한번만 물어볼게요. 딱 한번만 부탁할게요.

354

우리 권태기가 온 것 같아요.

바로 듣기

남편한테 연애할 때 가던 빵집에 가보자고 했더니, 귀찮아하더라고요. 아무래도 권태기가 온 것 같은데, 영어에도 권태기라는 표현이 있나요?

'We are not honeymoon season right, isn't it?(우린 지금 신혼여행 기간이 아니지, 그치?)'

권태기를 표현할 방법은 많은데 직접적으로 말하기보다는 권태로운 상황을 표현할 단어를 생각해보세요.

'I think we haven't golden-age.(우린 황금기가 아니라고 생각해요.)'

하하 좋은 시도네요. 근데 제가 알려드려야 할 것 같아요.

▶▶ 그래서, 타일러가 준비한 표현은?

354

We lost our spark.

* **해석** 우리는 우리의 불꽃을 잃어버렸어요.

Check!

* We lost - **우리는 잃어버렸어요**
* Our spark - **우리의 불꽃을**

타일러 Tip

오늘 표현은 사랑하는 사이에서 불꽃을 잃어버렸다고 표현할 수도 있고, 좋아하는 연예인이나 물건에 대한 나의 관심이 식었을 때도 쓸 수 있어요.
'They lost their spark', 'It lost its spark' 등 다양하게 써먹어보세요.

355

나한테 화풀이하지 마세요.

중2병 아들이 엄마인 저를 너무 막 대하는 것 같아 한마디 해주고 싶어요. 정확하게 엄마한테 화풀이하지 말라고 말이죠.

'Don't take it out of me.'

그건 '화를 내 안으로부터 꺼내지 마세요' 이런 의미가 돼요. 'Of' 말고 다른 전치사를 생각해보세요.

'Don't take it out in me.' 'In'이 아닌가?

'In'도 아닙니다. 알파벳 하나만 바꾸시면 돼요. 딱 한 글자만!

▸▸ 그래서, 타일러가 준비한 표현은?

355

Don't take it out on me.

*** 해석**　나에게 분풀이하지 마세요.

Check!

* Take out on~ - ~탓을 하다, ~에게 분풀이를 하다.

* Don't take it out on me - 나에게 분풀이하지 마세요

타일러 Tip

오늘 표현은 혼자 쓰기보다는 지난번에 배운 'Is it my fault?(내가 동네북이니?)'와 함께 쓰면 좋아요. 'Is it my fault? Don't take it out on me.' 이렇게요!

356

제가 낯을 좀 가려요.

외국인이 말을 걸어오면 금방 표정이 굳어버리는데요. 무서운 것도 있긴 하지만 원래 낯을 좀 가려서 무뚝뚝해지거든요. 낯을 가린다는 말은 어떻게 표현하면 좋을까요?

'I'm a little bit shy guy.(나는 수줍음이 약간 있는 남자야.)'

좋아요. 그것도 맞아요. 근데 '낯을 가리다'를 좀 더…

'I'm a little introvert.(나는 좀 내성적이야.)'

와! 'Introvert'라는 어려운 단어를 쓰셨네요. 이 단어도 정말 좋아요. 그런데 굳이 어려운 말은 안 써도 돼요.

▶▶ 그래서, 타일러가 준비한 표현은?

356

It takes me a bit to open up.

* **해석** 마음을 여는 데 조금 걸려요.

Check!

* It takes me - 나에게 걸려요.
* A bit - 조금
* To open up - 마음을 여는 데

타일러 Tip

'수줍음', '부끄러움'이라고 하면 'Shy'를 많이 생각하는데, 이 단어를 쓰고 싶으면 'I'm kind of shy(나는 수줍은 편이에요)'라고 쓰면 돼요. 이 표현도 함께 기억해두세요!

357

이거 신상품인가요?

해외여행을 갔다가 면세점에서 엄마를 위해 가방을 사려고 하는데 신상품인지, 아닌지 영어로 어떻게 물어보면 될까요?

'Is it new alive?'

왠지 사람에게 물어보는 것 같아요. '새로 온 직원인가요?', '새내기인가요?' 이런 의미랄까요?

'Is it new item?(새 아이템인가요?)'

한국에서는 상품이나 제품을 뜻할 때 'Item'이란 단어를 쓰지만 미국에선 잘 안 써요.

▶▶ 그래서, 타일러가 준비한 표현은?

357

Is it from the new collection?

* **해석** 새 컬렉션에서 온 건가요?

Check!

* Is it from~ - ~에서부터 왔나요?
* The new collection - 새로운 컬렉션, 신상품

타일러 Tip

'Collection' 대신 'Line'을 써도 돼요. 'Is it from the new line?' 이렇게요.
그 외에도 'Is it from this year's collection?', 'Is it from the spring collection?' 이렇게 구체적으로 물어볼 수 있어요.
참고로 옷가게에서 자주 쓰는 'Season-off'는 콩글리시예요. 'Off-season'이 정확한 표현이지만, 한국과 의미도 좀 달라요. 한국에서 '시즌오프'는 철 지난 상품을 말하지만, '오프시즌'은 성수기가 아닌 비수기를 말해요. 철 지난 상품은 'Last-season'이라고 하면 됩니다.

358

이럴 거면 각자 갑시다.

바로 듣기

가족여행을 가기로 했는데 의견일치가 안 됩니다. 엄마는 가까운 데로 가자, 막내는 친구랑 가겠다, 저는 해외로 가겠다… 그러자 아빠가 이럴 거면 각자 놀자고 하는데, 이런 말도 영어에 있나요?

'Let's hang out.'

이 표현은 '우리 같이 놀자', '같이 시간을 보내자' 이런 의미에요. 조금 다르죠?

'Let's hang out each by each split?'

갈라지자는 건가요? 힌트! 'S'로 시작하는 다른 단어가 있어요. '따로따로'를 뜻하는데, 모르시겠어요?

▸▸ 그래서, 타일러가 준비한 표현은?

358

Let's just go separately.

＊해석 그냥 따로따로 갑시다.

Check!

＊ Let's just go - 그냥 갑시다

＊ Separately - 따로따로, 각자

타일러 Tip

좀 더 쉽게 표현하려면 그냥 풀어서 말하면 돼요. 'You go to __ and I'll go to __.(너는 __ 가고, 나는 __ 갈게)' 이렇게요. 오늘 표현은 동사만 바꿔주면 여러 가지 상황에서 응용할 수 있어요. 예를 들어 볼까요?

- Let's just eat separately. 그냥 따로따로 먹자.
- Let's just study separately. 그냥 따로따로 공부하자.

359

지금 막 도착했어요.

지각할 것 같아서 숨을 헐떡이며 회사에 도착하자마자 동료와 통화를 하는데, 왜 그렇게 숨이 차냐고 묻더라고요. '지금 막', '방금 막' 회사에 도착했다는 느낌을 전하고 싶었는데, 영어로는 어떻게 해야 할지 모르겠어요.

'방금 막'이라는 표현은 'just'를 써서 'I just arrived here.(여기에 막 도착했어요.)'

'Arrived'와 'Here'를 같이 쓰면 뭔가 어색해요. 전화통화로 상대방에게 막 도착했다고 알려주는 거니까 그 느낌을 생각해보세요.

'I just got here.'

와우, 두 번 만에 그 느낌을 캐치하셨네요. 팡파르 울려드릴게요.

▶▶ 그래서, 타일러가 준비한 표현은?

359

I just got here.

*** 해석** 여기에 막 도착했어요.

Check!

* I just - 막 방금 내가

* Got here - 여기에 도착했어요

타일러 Tip

한국어에도 '막'의 의미가 여러 가지잖아요. '막 도착했다', '막 먹었다' 이런 것처럼, 'Just'에도 여러 가지 의미가 있어요. '딱 좋다'라고 할 때 '딱'의 의미도 있고, '그냥', '그저', '막' 등등 상황에 따라 제대로 해석하는 것도 중요하겠죠?

360

여기가 처음인데 어떻게 이용하면 되나요?

바로 듣기

해외배낭여행을 준비 중인데요. 처음 가는 장소에 가면 분명 어떻게 이용하는지 몰라 허둥대는 상황이 생길지도 모르니, '어떻게 이용하면 되느냐'는 질문을 알아가고 싶어요.

처음 왔다는 걸 자연스럽게 표현해볼게. 'I'm new here.(여기 처음 와 봐요.)'

이 표현은 학교에 전학을 갔거나 이사를 갔을 때, 여기가 처음이라는 의미 같아요. 다른 표현이 있어요.

'I came here first.'

이곳에 1등으로 왔다는 의미 같아요. 그건 아니죠?

▶▶ 그래서, 타일러가 준비한 표현은?

360

It's my first time here. How does it work?

* **해석** 여기가 처음이에요. 어떻게 이용하죠?

Check!

* It's my first time here - 여기가 처음입니다
* How does it work? - 어떻게 하면 되나요?

타일러 Tip

보통은 손님이 먼저 '여기가 처음이에요'라고 말하기보다는 가게 주인이 'Is it your first time here?(여기가 처음인가요?)'라고 물어보는 경우가 많아요.
그리고 현지에서 이 표현을 쓸 때는 문장을 다 끝내기도 전에 'It's my first time here…' 정도만 해도 상대방이 먼저 알아채고 알려줄 거예요.
참, 오늘 표현에서 'Work'가 들어간 걸 의아해 할 수도 있는데, 여기서 'Work'는 '일하다'는 뜻이 아닌 '되다'라는 의미란 거, 함께 기억해두세요!

복습하기

- 그 사람은 도움이 안돼요.
- 여러 가지 시켜서 나눠 먹어요.
- 헛다리 짚지 마세요.
- 땀이 많이 나는 체질이에요.
- 고기를 좀 더 익혀주시겠어요?
- 그건 1회용 카드입니다.
- 그런다고 안 죽어요.
- 좋은 말로 할 때…
- 우리 권태기가 온 것 같아요.
- 나한테 화풀이하지 마세요.
- 제가 낯을 좀 가려요.
- 이거 신상품인가요?
- 이럴 거면 각자 갑시다.
- 지금 막 도착했어요.
- 여기가 처음인데 어떻게 이용하면 되나요?

복습하기

346 ~ 360

- He's no help.
- Let's order a few things and share.
- Oh, no, it's nothing like that.
- I sweat a lot.
- Can you cook it a bit more, please?
- You can only use that card once.
- It's not going to kill you.
- I'm going to tell you nicely.
- We lost our spark.
- Don't take it out on me.
- It takes me a bit to open up.
- Is it from the new collection?
- Let's just go separately.
- I just got here.
- It's my first time here. How does it work?

361

고급진 명대사 영어 (고대영)

- 드라마 〈시크릿 가든〉 중에서

거품처럼 사라져주겠다고!

김주원(현 빈) : 그쪽은 추호도 인어공주 될 생각 없잖아. 그래서 내가 인어공주 할라고.
길라임(하지원) : 뭐?
김주원(현 빈) : 내가 그쪽 인어공주 한다고. 그쪽 옆에 없는 듯이 있다가, **거품처럼 사라져주겠다고!**

'I'll be gone like a bubble.(나는 거품처럼 떠날 거야.)'

나쁘진 않아요. 그런데 'Be gone'은 '사라지다'보다 '꺼지다'라는 뜻의 느낌이에요. '사라지다'의 느낌을 살릴 수 있는 'Disappear'를 쓰는 게 어때요?

Okay. 그럼 'Disappear'를 써서, 'I'll disappear like a bubble.(난 거품처럼 사라질 거야.)'

정확해요! 잘 했어요. 팡파르 울려드릴게요!

▶▶ 그래서, 타일러가 준비한 표현은?

361

I'll disappear like a bubble.

* **해석** 저는 거품처럼 사라질 거예요.

Check!

* I'll disappear - 나는 사라질 거예요
* Like a bubble - 거품처럼

타일러 Tip

일상생활에서 이 표현을 쓸 수 있을지는 모르겠지만 혹시라도 쓰게 된다면, 인어공주 이야기를 먼저 해줘야 상대방도 오해하지 않을 거예요. 하지만 다른 나라에서는 안데르센의 동화보다 '디즈니 만화영화'를 먼저 접하고 기억하는 경우가 많은데, 디즈니 만화에서는 인어공주가 거품으로 사라지는 장면이 나오지 않는 걸로 알고 있어요. 그래서 다른 나라 사람들에게 이 표현을 설명할 때 잘 이해하지 못할 수도 있습니다.

362

고급진 명대사 영어 (고대영)

- 드라마 <밀회> 중에서

이거 특급 칭찬이야.

이선재(유아인) : 제가 좀 쳤는지….
오혜원(김희애) : 넌 널 모르나 보다. 정말 몰라? **이거 특급 칭찬이야.**

'This is special compliment.'

정확한 문장이 되려면, 'special' 앞에 'a'를 붙여야 해요. 그럼 말은 되지만, 좀 부족한 느낌이에요.

'Special'이 좀 부족하다면, 'This is best compliment.'

이 표현도 'best' 앞에 'the'를 붙여줘야 완벽한 표현이 되는데, 이것도 좀 부족해요.

▶▶ 그래서, 타일러가 준비한 표현은?

362

This is a really good compliment.

* **해석** 이거 정말 좋은 칭찬이에요.

Check!

* This is a really good - 이건 정말 좋은
* Compliment - 칭찬

타일러 Tip

한국어로 '특급'이란 단어를 직역하면 'Special'이 맞지만, 영어에서 'Special'은 비꼬아서 쓰는 경우가 많아요. '원래 안 되는 건데, 너만 어쩔 수 없이 특별히 해주는 거다'라는 의미를 담고 있어서 부정적인 느낌으로 와 닿을 수 있어요. 그래서 '특급 칭찬'이라고 할 땐 'Special' 말고 다른 단어를 쓰는 게 좋습니다.

363

고급진 명대사 영어 (고대영)

- 드라마 〈청춘의 덫〉 중에서

당신, 부셔버릴 거야.

서윤희(심은하) : 만우절이라고 했어도 당신 우선 달려왔어야 해. 그래야 그래도 사람이야. 당신 사람 아니야. 당신만 뜻하는 대로 목적대로 거칠 것 없이 달려가고 이루라는 특권 없어. **당신, 부셔버릴 거야.**

'I'll crush you.(나는 널 깨부술 거야.)'

좋아요. 이렇게 표현해도 돼요. 하지만 다른 표현도 한번 생각해보세요.

'I'll kill you.(나는 널 죽여버릴 거야)'

표현에 대한 접근은 잘 하고 있어요. 근데, 다른 동사를 쓰는 게 더 좋아요.

▶▶ 그래서, 타일러가 준비한 표현은?

363

I’m going to destroy you.

* **해석** 나는 당신을 파멸시켜버릴 거예요.

Check!

* I’m going to~ - 나는 ~할 거예요
* Destroy you - 당신을 파멸시키다, 해체시키다

타일러 Tip

‘Destroy’가 일반적으로 ‘파괴하다’, ‘파멸시키다’라는 뜻이 있지만, 좀 더 구체적인 뜻을 살펴보면 상대방을 사회에서 ‘매장시키다’라는 의미도 강하게 담고 있어요. 인생을 파멸시킨다는 뜻이기 때문에 영철 형이 말한 ‘Crush’나 ‘Kill’보다는 좀 더 이 표현에 맞는 단어가 아닐까 싶어요.

고급진 명대사 영어 (고대영)

바로 듣기

- 영화 〈베테랑〉 중에서

어이가 없네.

조태오(유아인) : 맷돌 손잡이 알아요? 맷돌 손잡이를 어이라 그래요. 어이. 맷돌에 뭘 갈려고 집어넣고 맷돌을 돌리려고 하는데, 손잡이가 빠졌네? 이런 상황을 어이가 없다 그래요. 황당하잖아 아무것도 아닌 손잡이 때문에 해야 될 일을 못하니까. 지금 내 기분이 그래… **어이가 없네?**

옛날에 했던 표현 중에 이런 게 있었잖아.
'Wait, what?(말이야 막걸리야.)'

이런 접근이 좋아요. 사실 어이가 없다는 건 어떤 상황인지에 따라 표현이 달라지는데 전반적으로 어이가 없음을 표현하는 단어가 좋겠죠?

'I'm speechless.(할 말이 없네.)'

이 표현도 좋지만, 좀 더 짧게 할 수 있어요.

▸▸ 그래서, 타일러가 준비한 표현은?

364

Wow.

* **해석** 와우.

Check!

* Wow - **와우**

타일러 Tip

오늘 표현은 억양이 굉장히 중요합니다. 정말 어이없다는 듯한 말투로 'Wow~~.'
그리고 정말 어이가 없는데 티내고 싶지 않을 때는 입모양으로만 'wow'를 보여주고 소리를 안내기도 한답니다. 이게 진짜 미국식 표현이에요.

바로 듣기

고급진 명대사 영어 (고대영)

- 드라마 <응답하라 1988> 중에서

우리 딸이 좀 봐줘.

성동일: 덕선아, 아빠 엄마가 미안하다. 잘 몰라서 그래. 첫째 딸은 어떻게 가르치고 둘째는 어떻게 키우고, 막둥이는 어떻게 사람 만들어야 할지 몰라서, 잘 몰라서 그래. 아빠도 태어날 때부터 아빠가 아니자네. 아빠도 아빠가 처음이니까, 그러니까 **우리 딸이 좀 봐줘.**

'My daughter needs to understand me.(우리 딸이 나를 이해해줄 필요가 있어.)'

이 표현은 아빠와 딸 사이에 오가는 대화라기보다 너무 공식적인 표현인 것 같아요.

'You have to understand.'

이 표현을 쓰려면, 'You've got to understand(네가 이해해야 해)'로 바꿔서 애잔하게 말하면 되지만 정확한 표현은 아니에요.

▶▶ 그래서, 타일러가 준비한 표현은?

365

Cut me some slack.

* **해석** 사정 좀 봐줘요.

Check!

* Cut me - 내게 끊어줘요
* Some slack - 약간의 여유를 (탄탄한 끈이 느슨해질 때의 여유를 말함)

타일러 Tip

낚시할 때 낚싯줄이 팽팽한 걸 'Slack이 없다'고 해요. 'Slack'이란 탱탱하지 않고 느슨한 상태를 말하는 거예요. '여유'라고 생각하면 됩니다. 'Cut me some slack'은 너무 깐깐하게 보지 말고 여유롭게 봐달라는 의미에요. 'Give me a break(나에게 휴식을 줘요)'와 비슷한 의미라고 생각하면 됩니다.

366

고급진 명대사 영어 (고대영)

- 영화 〈곡성〉 중에서

그때까지만 참아.

무명(천우희): 잠시만… 여기 그대로 서 있어. 그래야 네 딸이 살아. 내가 덫을 놓아두었으니, 그러니 닭이 세 번 울 때까지 그대로 여기 서 있으면 되는 거여. **그때까지만 참아.**

'You have to bear until that time(그때까지 참아야 해요)' 아님, 'Tolerate(참다)'를 써볼까?

영철 형이 어려운 단어를 많이 알아요. 근데 'Bear'나 'Tolerate'가 '참다'라는 의미는 맞지만, 굳이 그 단어를 직접적으로 쓸 필요는 없어요.

'You have to wait until then.(그때까지 기다려야 해.)'

나쁘진 않아요. 사실 이 표현을 옮길 수 있는 방법은 많아요. 단, 어떻게 옮기느냐에 따라 조금씩, 조금씩 뉘앙스가 달라지겠죠?

▶▶ 그래서, 타일러가 준비한 표현은?

366

Suck it up until then.

*** 해석** 그때까지 참아봐요.

Check!

* Suck it up - (숨을 빨아 들이고) 참아봐요
* Until then - 그때까지

타일러 Tip

'Suck'이라는 단어가 빨대로 마실 때와 똑같이 '빨다'라는 뜻이에요. 그래서 'Suck it in'은 공기를 들이마시라는 의미이고, 'Suck it up'이 되면 불편하고, 기분 안 좋은 일이 있어도, 눈물이든 스트레스든 전부 다시 빨아들여서 참고 있으라는 말입니다. 힘든 일을 먹듯이 삼켜 소화시키라는 것과 비슷한 뉘앙스예요.

367

고급진 명대사 영어 (고대영)

- 드라마 〈가을동화〉 중에서

얼마나 줄 수 있는데요?

한태석(원 빈) : 사랑? 웃기지마! 이제 돈으로 사겠어. 돈으로 사면 될 거 아냐. 얼마면 될까? 얼마면 되겠냐?

윤은서(송혜교) : **얼마나 줄 수 있는데요?**

'How much can you give me?(얼마를 줄 수 있니?)'

이렇게 해도 돼요. 그대로 잘 직역했어요. 근데 같은 의미인데 조금 더 느낌을 살릴 수 있는 문장이 있어요. 한번 생각해보세요.

그냥 짧게 말하면 되지 않을까? 'How much?'

'How much?'만 하면 상대방의 질문을 되풀이하는 것 같아요. 어떻게 대답해야 할지 모르겠어서 받은 질문을 다시 스스로 말하는 듯한 느낌이 있어요. 최대치를 달라는 의미는 아니죠.

▶▶ 그래서, 타일러가 준비한 표현은?

367

How much you got?

* **해석** 얼마나 가지고 있나요?

Check!

* How much - 얼마나
* You got - 당신은 갖고 있나요?

타일러 Tip

얼마나 줄 수 있냐고 물어보는 건 '당신이 얼마나 들고 있는지, 그래서 나한테 얼마나 줄 수 있는지' 최대치를 물어보는 거죠? 그래서 너무 직접적인 표현이 아니면서 오늘 상황의 느낌을 잘 살릴 수 있는 말이에요. 물론 쉽게 생각하면 영철 형이 처음에 시도한 표현이 맞지만, 한 번 더 꼬아서 생각해보는 거! 그게 미국식 사고이고, 좀 더 공격적인 표현이라고 할 수 있어요.

368

다녀왔습니다!

바로 듣기

50대 직장인입니다. 집에 들어갈 때마다 '나 왔어~'라고 인사를 하는데, 아내가 식상하대요. 그래서 영어로 한번 해주고 싶어요. 영어 표현 좀 알려주세요!

'I'm here.(나 여기 있어요.)'

음… 좋은 시도예요. 그런데 'I'm here'는 '나 여기 있어요'와 똑같다고 생각하시면 돼요. 어디냐고 질문을 받았을 때 딱 맞는 표현이지, 다녀왔다는 의미는 아니에요.

'I came home.(나 집에 있어요.)'

이건 집에 있는 사람이 아니라, 통화하면서 밖에 있는 제3자에게 '나는 이제 집에 다 왔습니다'라는 느낌이에요. 아마 시제 때문일 거예요. 이 표현을 조금 바꾸면 '다녀왔습니다' 같은 느낌이 될 수는 있는데 'came'이라는 동사가 이 상황에서는 적합하지 않아요.

▶▶ 그래서, 타일러가 준비한 표현은?

368

I'm home.

*** 해석** 다녀왔습니다.

Check!

* I'm home - **다녀왔습니다**

타일러 Tip

'I'm home' 앞에 'Honey', 'Mom', 'Hey' 등등 호칭을 붙이면 더 좋아요. 그리고 'Hey'라고만 해도, 집에 왔다는 걸 표현하기도 합니다.
대신 'I'm house'는 안 되고, 'I'm home'만 되는 이유는, 'House'는 그냥 '집'이라는 의미예요. 그래서 'I'm house'라고 하면 '저는 주택이에요' 이런 의미니까 꼭 'Home'을 써야 한다는 거, 잊지 마세요!

369

목적지까지 얼마나 (시간이) 남았나요?

딸과 함께 차 안에서 영어공부를 하는데, 금세 지루해져서 집까지 얼마나 남았는지 자꾸 묻더라고요. 근데 이 표현을 영어로 알려주면 덜 지루해하지 않을까요?

'How much longer do we have to go?'

'How much longer'까지는 정말 좋았어요. 뒷부분을 조금만 바꿔보세요.

'How much longer till then?'

너무 좋은데요? 제가 준비한 표현에 아주 근접합니다. 조금만 더 바꾸시면 돼요. 여기서 'Then'이라고 할 때, 전달하고 싶은 게 뭐였어요?

▸▸ 그래서, 타일러가 준비한 표현은?

369

How much longer until we get there?

*** 해석** 거기에 도착하기까지 얼마나 남았나요?

Check!

* How much longer - 얼마나 더 오래

* Until we get there - 우리가 거기 도착하는 데까지

타일러 Tip

'Until' 대신 'Till'을 써도 돼요. 오늘 표현에서 도착하기까지 '시간'이 얼마나 남았는지 묻기 위해 'Longer'를 썼다면, '거리'가 얼마나 남았는지 묻고 싶을 땐 'Further'를 써주면 됩니다.
'How much further until we get there?(우리가 거기 도착하기까지 거리가 얼마나 남았나요?)' 이것도 함께 기억해두세요.

370

개인 취향이니까요.

K-POP을 좋아하는 외국인과 이야기를 나누는데, 샤이니를 좋아하더라고요. 저는 BTS 팬이거든요. 근데 개인 취향이니까, 그럴 수 있다고 말해주고 싶었는데, 이 말이 너무 어려워요.

'Everyone has there the taste.(모든 사람들은 그들의 입맛을 갖고 있어.)'

말은 맞아요. 매우 좋아요. 근데 이런 표현은 잘 안 써요.

그럼, 'Taste' 대신 'style'을 써보는 건 어때?

제가 준비한 표현에는 둘 다 안 들어가요.

▸▸ 그래서, 타일러가 준비한 표현은?

370

To each her/his own.

* **해석** 각자 다 가지고 있어요.

Check!

* To each - 각자
* Her/His own - 그 자신의

타일러 Tip

오늘 표현은 관용구처럼 쓸 수 있는 고정적인 표현이니까 꼭 외워두세요! 그 취향을 갖고 있는 사람이 여자일 때는 'Her', 남자일 때는 'His'를 쓰면 돼요. 참고로, 'Her'나 'His'는 쓸 수 있지만 'Your own'은 어색해요. 쓰지 않아요.
또 오늘 표현과 비슷한 말로, 'Whatever floats your boat(무엇이든 당신의 배를 띄우세요)'도 쓸 수 있으니 참고하세요.

371

(엄마한테) 다 이를 거예요.

조카가 둘 있는데 예나 지금이나 싸우는 패턴은 똑같더라고요. 한 명이 엄마한테 이른다고 겁을 주고, 다른 한 명은 이르라고 대들고… 외국 애들도 이러나요?

'I'll say everything to mom.(엄마한테 모든 걸 말할 거야.)'

'Say'는 그냥 말한다는 의미니까, '이른다'는 표현으로 바꿔야죠.

'I'll tell everything to my mom. You had a mistake.(우리 엄마한테 모든 걸 이를 거야. 네가 잘못을 했다고.)'

'You had a mistake'가 아니라, 'You made a mistake'로 써야 하는데, 보통 아이들 사이에서 '엄마한테 이를 거야!' 할 때는 실수가 아니라, 잘못이라고 생각하잖아요? 그러면 'Mistake'도 안 맞는 표현이겠죠. 저는 간단한 버전의 '다 이를 거야'를 준비해왔어요.

▶▶ 그래서, 타일러가 준비한 표현은?

371

I'm going to tell on you.

*** 해석** 나는 당신에 대해 이를 거예요.

Check!

* I'm going to tell - 나는 이를 거예요
* On you - 당신에 대해

타일러 Tip

'Tell on you'가 '너에 대해 이른다'는 뜻을 가진 숙어예요. 좀 더 간단하게 하려면 'I'm going to tell(나 이를 거야)', 여기까지만 해도 돼요.
아니면 누구누구한테 이를 거라고 정확히 말할 때는 'My mom', 'Teacher' 등등을 문장 맨 뒤에 붙여주면 됩니다. 'I'm going to tell my mom(엄마한테 이를 거야)' 이렇게 말이죠.
참고로 'I'm going to tell mom what you did(엄마한테 네가 뭘 했는지 말할 거야)'라고도 많이 쓰니 함께 알아두세요.

372

소스는 따로 주세요.

영국 여행을 갔는데 감자튀김 위에 소스를 뿌려주더라고요. 근데 금방 감자가 눅눅해져서 소스를 따로 달라고 하고 싶었는데, 그럴 땐 어떻게 말하면 되나요?

'Can I get the sauce separately?(소스를 따로따로 얻을 수 있나요?)'

맞아요. 이렇게 말해도 돼요. 근데 뒤에 단어가 좀 어렵고, 길죠?

그럼 잘라버리고, 'Can I get the sauce?(소스를 얻을 수 있나요?)'

그렇게 하면 소스를 그냥 달라는 거겠죠. 따로 달라는 표현을 끝에 붙여야 해요.

▶▶ 그래서, 타일러가 준비한 표현은?

372

Can I get the sauce on the side?

* **해석** 소스는 사이드에 따로 주시겠어요?

Check!

* Can I get the sauce - 소스를 얻을 수 있을까요?
* On the side - 옆에

타일러 Tip

오늘 표현을 외국에서 쓰면 소스를 붓지 말고 옆에 사이드 메뉴처럼 따로 달라는 의미가 돼요. 반대로 소스를 부어달라고 할 때는 원래 부어서 주는 거니까 따로 말하지 않아도 되고, 그냥 소스를 더 많이 달라고 하면 돼요. 'With lots of sauce please(소스를 많이 주세요)' 이렇게요!

373

빈말 할 사람이 아니에요.

사장님한테 칭찬을 듣고 기분이 좋았는데, 남편은 사장님이 빈말로 한 거 아니냐고 김빠지게 하더라고요. 그럴 때 우리 사장님은 빈말 할 사람이라고 한마디 해주고 싶었어요. 영어로 어떻게 말할 수 있을까요?

'He's not an empty talker.'

'빈말'을 직역했네요. 물론, 장난으로 그런 거죠?

'That's a real compliment.(그건 진짜 칭찬이야.)'

'He's serious(그는 진지해요)'라고 하는 게 좀 더 나아요.

▸▸ 그래서, 타일러가 준비한 표현은?

373

He doesn't joke about that kind of thing.

* **해석** 그는 그런 것에 대해 농담하지 않아요.

Check!

* He doesn't joke - 그는 농담하지 않아요
* About that kind of thing - 그런 종류의 것에 대해

타일러 Tip

오늘 표현에서 'Joke' 대신 'kid(농담하다)'를 쓸 수도 있어요. 또 비슷한 표현으로 'He really means it(그는 정말 진심이에요)'라고 해도 돼요.
또 남에 대해 말하기보다 내가 하는 말이 진짜고, 나는 빈말하는 사람이 아니라고 강조하고 싶을 때는 'No, I mean it(아니요, 난 진심이에요)'이라고 하면 됩니다.

374

무슨 잠꼬대를 그렇게 해요.

외국인 직원과 워크숍을 가서 한 방을 썼는데, 밤에 잠꼬대를 너무 심하게 하더라고요. 무슨 잠꼬대를 그렇게 하는지… 한마디 해주고 싶었는데, 적절한 영어 표현이 있을까요?

'Are you talking sleeping?(너는 잠자면서 말하는 거니?)'

접근은 좋은데, 잠꼬대를 많이 한다는 의미가 담겨 있진 않아요.

'What do you say sleeping?(잠자면서 무엇을 말하니?)'

좋은 시도예요. 근데 이렇게 묻는 것보다 '너 잠꼬대를 참 많이 한다' 같은 뉘앙스로 말해주는 게 어떨까요?

▶▶ 그래서, 타일러가 준비한 표현은?

374

You talk a lot in your sleep.

* **해석** 잘 때 말을 많이 하더군요.

Check!

* You talk a lot - 당신은 말이 많아요
* In your sleep - 잠결에, 잠 자면서

타일러 Tip

'무슨 잠꼬대를 그렇게 하니?'라는 건, 무슨 잠꼬대를 했는지 내용을 묻는 게 아니라, '너 진짜 잠꼬대 많이 하더라' 이런 의미인 거죠? 그래서 표현을 바꿔봤어요.
또 영철 형이 말한 'Talking sleeping'을 쓰려면, 'Sleep talk(잠꼬대)'라고 표현하면 되겠죠. 'Sleep walking'이 '몽유병'인 것처럼 말이죠.
이렇게 응용할 수도 있어요!
- You snore a lot!
너 코 많이 골더라(=무슨 코를 그렇게 고니?)

375

입이 근질거려 죽겠어요.

바로 듣기

비밀연애를 하는 사내커플 얘기를 들었는데, 말해준 사람이 비밀이라고 신신당부하더라고요. 입이 근질거려 죽겠는데 어디 말도 못하고, 영어 표현이라도 알고 싶어요.

'I dying to speak.(말하고 싶어 죽겠어.)'

맞는 표현이긴 한데, 이 표현은 다른 사람이 말할 기회를 안 줘서 말하고 싶어 죽겠다는 거지, 비밀과는 상관없는 표현이에요. 비밀을 꽁꽁 숨기고 있는데, 폭발시키고 싶다는 의미가 되어야 해요.

'I want to spit out.(나는 내뱉고 싶어요.)'

굉장히 좋은 문장이에요. 거의 다 왔어요.

▶▶ 그래서, 타일러가 준비한 표현은?

375

I wanted to blurt it out.

* **해석** 나는 그걸 쏟아내고 싶었어요.

Check!

* I wanted to - 나는 원했어요
* Blurt it out - 그걸 쏟아내다

타일러 Tip

'Blurt out'은 불쑥 꺼내고 싶은 걸 말해요. 말할 타이밍이 아닌데 갑자기 외치고 싶고, 불어버리는 걸 뜻해요. 그래서 비밀을 말하고 싶어 입이 근질거린다는 건, 다 불어버리고 싶었다는 의미가 되는 거겠죠?

복습하기

361 ~ 375

- 거품처럼 사라져주겠다고!
- 이거 특급 칭찬이야.
- 당신, 부셔버릴 거야.
- 어이가 없네.
- 우리 딸이 좀 봐줘.
- 그때까지만 참아.
- 얼마나 줄 수 있는데요?
- 다녀왔습니다!
- 목적지까지 얼마나 (시간이) 남았나요?
- 개인 취향이니까요.
- (엄마한테) 다 이를 거예요.
- 소스는 따로 주세요.
- 빈말 할 사람이 아니에요.
- 무슨 잠꼬대를 그렇게 해요.
- 입이 근질거려 죽겠어요.

복습하기

361 ~ 375

- I'll disappear like a bubble.
- This is a really good compliment.
- I'm going to destroy you.
- Wow.
- Cut me some slack.
- Suck it up until then.
- How much you got?
- I'm home.
- How much longer until we get there?
- To each her/his own.
- I'm going to tell on you.
- Can I get the sauce on the side?
- He doesn't joke about that kind of thing.
- You talk a lot in your sleep.
- I wanted to blurt it out.

376

선착순 20명에게만 줘요.

바로 듣기

놀이공원에 갔는데 선착순 20명에게 아이스크림을 준다고 하길래 줄을 섰어요. 근데 외국인 가족이 와서 줄 서면 다 주는 거냐고 묻는데, 선착순이란 말은 어떻게 해야 하나요?

'줄 서면 다 주는 건가요?'에 대한 답이니까 'Well, first come first served but twenty people.(글쎄요, 선착순은 20명뿐입니다.)'

'선착순'이란 표현을 알고 있어서 응용하려고 한 것 같은데, 이 표현은 좀 어색해요.

'Just give it to twenty first come first served people.(단지 선착순 20명에게만 줘요.)'

문장이 조금 복잡한 것 같아요. 몇 명만 준다는 것이고, 그 수가 정해져 있으면 영어권에서 대부분 당첨 아니면 선착순이라고 바로 이해하니까 몇 명에게 주는 건지를 더 강조하는 게 어떨까요?

▶▶ 그래서, 타일러가 준비한 표현은?

376

No, only the first twenty(20) people.

* **해석** 아니요, 처음 20명에게만 줘요.

Check!

* Only the first twenty people - 처음 20명의 사람에게만

타일러 Tip

영철 형을 칭찬해주고 싶은 게 보통 선착순이라고 하면 'It's first come first serve'라고 말해요. 영철 형처럼 '-served'라고 발음하거나 표현하는 사람은 많이 없어요. 하지만 선착순에 대한 정확한 표현이 되기 위해서는 'It's first come first served'가 되어야 한다는 거, 꼭 기억하세요!

377

통장잔고가 바닥났어요.

바로 듣기

방학이라 놀고 있는 대학생인데요. 아르바이트도 그만둬서 통장잔고가 바닥이에요. 엄마한테 용돈 좀 달라고 말하고 싶은데, 영어로 말하면 조금이나마 대견해 하지 않을까요?

'My accounts are sold out.(내 통장잔고 매진됐어요.)'

계좌를 누군가한테 팔았나요? 아니죠?

'My accounts are zero. or minus. or no money?'

시도는 좋았는데 모두 아니에요. 며칠 전에 '빈말' 얘기할 때 좋은 단어를 쓰셨는데 그 단어를 떠올려보세요! 그리고 통장잔고가 바닥났으면 아무것도 없어서 바닥만 보이는 것이고, 아무것도 없으면 계좌가 비어 있다고 표현할 수 있겠죠?

▶▶ 그래서, 타일러가 준비한 표현은?

377

My bank account is empty.

* **해석** 제 은행계좌가 텅 비었어요

Check!

* My bank account is - 내 은행계좌는
* Empty - 텅 빈

타일러 Tip

그냥 'Account'라고 하면 계좌뿐만 아니라 인터넷 계정도 뜻하기 때문에, 'Bank account'라고 쓰는 게 좋아요. 오늘 표현과 비슷한 의미로 통장잔고의 상황을 설명해줘도 되겠죠? 'I don't have any money left in my bank account.(내 은행계좌에는 어떤 돈도 남아 있지 않아요.)' 이렇게요.

378

그냥 립서비스였어요.

사무실 동료에게 조지 클루니 닮았다고 했더니 너무 좋아하길래 장난을 치고 싶어서 'Just Lip service'라고 말했는데 이 의미를 모르더라고요. 아니면 모른척하는 걸까요?

립서비스처럼 입에 발린 말을 'Sugar coat'라고 하잖아. 이 말은 들어가?

'Sugar coat'는 안 좋은 일을 좋게 좋게 포장하는 걸 말해요. 의미가 좀 다르죠?

'Hey, just kidding.(이봐, 농담이야.)'

차라리 이런 식의 표현이 더 좋아요. 하지만 제가 준비한 건 아니에요.

▶▶ 그래서, 타일러가 준비한 표현은?

378

Just take the compliment.

* **해석** 그냥 칭찬으로 받아들여요.

Check!

* Just - 그냥
* Take the compliment - 칭찬으로 받으세요

타일러 Tip

'Lip service'를 콩글리시라고 많이들 생각하지만 영어에도 있는 표현이에요. 다만 의미가 좀 다르죠. 쉽게 설명하자면 정치계에서 한 정치인이 특정 정당의 의견에 동의하지는 않지만, 그 정당에 뽑히기 위해 속마음을 숨기고 좋게좋게 이야기하는 걸 'Lip service'라고 해요. 즉, 뭔가를 표방하기 위해서, 좋게좋게 보이기 위해서 아부를 떨거나 마음에 없는 것을 입이 기계적으로 내뱉어주는 걸 말하죠. 주로 정치, 대중매체, 기업계 용어로 사용되는 말이고 'give'와 같이 씁니다. 예를 들어서 'The president gives lip service to free speech but tells the press not to ask questions'와 같은 느낌으로 쓰는 거죠.

379

귀가 참 얇네요.

동료 중에 뭔가를 사려고 하다가도 다른 사람이 다른 게 더 좋다고 하면 금방 마음이 바뀌는 직원이 있어요. 그럴 때 우리는 귀가 얇다고 하잖아요. 이것도 영어 표현 있을까요?

'Wishy-washy' 이건 어때?

오! 영철 형은 가끔 기대 안 했던 표현을 너무 잘 해줘서 깜짝 놀랄 때가 많아요. 근데 'Wishy-washy'는 귀가 얇은 것보다 어떤 일을 하겠다고 마음먹지 못하고 변덕스러운 사람을 말해요.

이번에도 깜짝 놀랄걸. 'Gullible(잘 속는)'이라는 어려운 단어를 써볼게. 'You're really gullible.(너는 정말 잘 속아.)'

너무 좋아요. 잘했어요. 팡파르 울려드릴게요.

▸▸ 그래서, 타일러가 준비한 표현은?

379

You're so gullible.

*** 해석** 당신은 참 잘 속아 넘어가네요.

Check!

* You're so - 당신은 참
* Gullible - 남을 잘 믿는, 잘 속아 넘어가는

타일러 Tip

'Gullible'이란 단어는 영철 형도 말했지만 사람을 쉽게 믿고, 잘 속고, 그래서 잘 넘어가는 사람을 말해요. 이게 좋다고 하면 여기로 마음이 기울었다가, 저게 좋다면 다시 저기로 넘어가고, 그렇게 귀가 얇은 사람을 뜻하는 단어입니다. 'Gullible'라는 단어 대신에 다른 표현을 쓰고 싶으면 풀어서 말하는 게 제일 좋아요. 'You'll believe anything(너는 뭐라도 믿잖아)'라고 하면 돼요.

380

당일치기로 다녀올 거예요.

바로 듣기

여름휴가를 못 갔는데 외국인 동료가 절 너무 불쌍하게 보는 것 같아서 당일치기로 가까운 데라도 다녀올 거라고 말해주고 싶은데, '당일치기'는 영어로 어떻게 말하면 될까요?

'I can trip one day.'

필요한 단어는 다 들어갔는데 순서가 뒤죽박죽이에요. 이 순서대로 해석하면 '언젠가는 나도 넘어질 거야!'가 되거든요. 다시 한 번 시도해보세요.

'I can one day trip pass.'

'Trip'과 주로 함께 쓰는 동사가 있어요. 그게 뭘까요? 그걸 잘 이용해보세요.

▸▸ 그래서, 타일러가 준비한 표현은?

380

I'm going to take a day trip somewhere.

* **해석** 어디론가 당일치기 여행을 갈 거예요.

Check!

* I'm going to - 나는 ~할 거예요
* Take a day trip - 하루 여행을
* Somewhere - 어디든

'Somewhere' 자리에 당일치기 할 지역을 넣으면 돼요. 'to Jeju', 'to Jeonju' 이런 식으로 말이죠.
예를 들어 볼까요?
- I'm going to take a day trip to Busan.
  부산으로 당일치기 여행을 갈 거예요.

381

긴장 좀 하세요.

제가 팀장인데, 후배들이 요즘 너무 긴장을 안 해서 최근 들어 실수가 잦아졌어요. 이럴 때, 긴장 좀 하라고 한마디 해주고 싶은데, 영어 표현도 궁금하네요.

'Tension please.(집중해 제발.)'

좋은 시도인데 뉘앙스는 좀 빗나갔어요. 정확히 무슨 말인지 파악하기 어려워요.

'Pay attention to yourself.(너 자신에게 주목해.)'

'Yourself'를 쓴 건 아주 잘했어요. 근데 긴장하라는 것과 집중하라는 건 다르죠. 경고의 의미가 들어가 있어야 합니다.

'No relax.(긴장 풀지 마.)'

좋은 시도였어요. 이렇게 짧게 말하면서 긴장감을 주는 표현이 있어요.

▶▶ 그래서, 타일러가 준비한 표현은?

381

Watch yourself.

* **해석** 조심하세요.

Check!

* Watch- 보세요
* Yourself - 당신 자신을

타일러 Tip

긴장하라는 건, 널 지켜보고 있으니 조심하라고 경고의 메시지를 보내는 거죠. 비슷한 표현으로, 'Watch it'을 쓸 수도 있습니다.
그리고 조심하라는 뜻이니까, 'Be careful'을 쓰면 안 되냐고 영철 형이 물었는데, 'Be careful'은 위험하기 때문에 조심하라는 거고, 'Watch yourself'는 이 선을 넘으면 화낼 거라는 경고의 의미가 들어간 표현이에요. 직설적으로 대놓고 야단을 치는 게 아니라, 잘못하면 큰일 난다고 경고하는 의미가 더 강한 표현이랍니다.

382

꽝입니다.

동네 마트에서 경품행사를 했는데, 외국인도 물건을 사고 추첨을 했더라고요. 근데 한글로 '꽝'이 적힌 쪽지가 나왔고, 그 누구도 꽝을 영어로 설명할 방법을 몰라 먼 산만 바라봤었어요.

'You missed out.(놓쳤어요.)' 아니면 'You missed chance.(기회를 놓쳤어요.)'

뭔가를 놓쳐서 아쉽다는 얘기이긴 한데, 이 상황에 딱 맞는 표현은 아닌 것 같아요.

'Never luck.'

'Luck'을 생각한 건 매우 좋았어요. 근데 'Never luck'이라는 표현은 없어요. 'Never' 대신 쓸 수 있는 단어가 있을 텐데요!

'No lucky.'

거의 다 왔는데, 계속 조금씩 조금씩 빗나가네요?

▶▶ 그래서, 타일러가 준비한 표현은?

382

No luck.

* **해석** 운이 없네요.

Check!

* No - 없다
* Luck - 운

타일러 Tip

'No luck'도 써도 되고, 아니면 영철 형이 처음에 시도한 것과 비슷하게 'That's too bad'라고 해도 됩니다. 뭔가 운이 따라주지 않아서 아쉽다는 뉘앙스가 있으니 이 상황에서는 써도 되는 표현인 거죠. 'Luck'이 들어간 다른 표현도 한번 살펴볼까요?

- Good luck 시험 보기 전에, 무대에 오르기 전에, 뭔가에 도전하기 전에 한국 사람들이 주로 '힘내', '잘해 봐' 할 때 쓸 수 있는 표현으로 무언가에 도전할 때 좋은 운이 있길 바란다는 의미죠.
- No luck 뽑기를 하거나, 복권을 긁거나, 농구를 하는데 골이 계속 안 들어가거나, 또 하는 일이 잘 안 됐을 때 운이 없어서 그랬다는 의미로 사용되는 표현입니다.

383

5인 좌석이 있나요?

저희 식구는 다섯 명인데, 대부분의 테이블이 4인 기준이잖아요. 그래서 해외여행 가서도 다섯 명이 앉을 자리가 있냐고 물어야 할 때 항상 손가락만 펼쳐 보였는데 정확한 영어표현이 알고 싶어요.

'Can we sit table for five?'

'Table' 대신 'At a table'로 하면 정말 좋은 표현이에요. 종업원들끼리 테이블 현황을 주고받아야 할 때, 'Table for five?' 이렇게 전달해요. 근데 오늘 표현은 '5인 좌석이 있나요?'니까, 'Sit' 말고 뭘 붙이면 좋을까요?

'Excuse me, Can we make a table for five?'

자리가 있냐고 물었는데, 'Make'는 어울리지 않죠?

▶▶ 그래서, 타일러가 준비한 표현은?

383

Do you have a table for five?

* **해석** 다섯 명을 위한 테이블이 있나요?

Check!

* Do you have - 가지고 있나요?
* A table for five - 다섯 명을 위한 테이블

타일러 Tip

영철 형이 시도한 표현을 조금 수정하면 좋은 표현이 여러 개 나와요. 'Can we sit at a table for five?'라고 해도 되고, 아니면 조금 더 자연스럽게 'Can we get'으로 시작하면 정말 좋아요. 또 'Can we get a table for five?'라고 하면 정말 미국 사람 같이 들릴 거예요. 이 표현을 쓸 때 인원이 다섯 명이든, 여섯 명이든 상관없이 숫자만 바꿔 말하면 됩니다. 'Can we get a table for two?', 'Can we get a table for six?' 등으로 말이죠. 그리고 '예약을 안 했는데 자리가 있나요?'라고 물어보고 싶을 때도 오늘 표현을 쓰면 된다는 거, 기억하세요!

384

처방전 없이 살 수 있는 약이 있나요?

바로 듣기

홍콩 여행을 갔다가 다리를 삐끗했는데, 약국에 갔더니 처방전이 필요한 것 같더라고요. 그래서 처방전 없이 바로 살 수 있는 약은 없는지 묻고 싶었는데 못 물어봤어요. 뭐라고 말하면 될까요?

'Excuse me, can I buy some medicine without a prescription?(실례지만, 처방전 없이도 약을 좀 살 수 있을까요?)'

이렇게 얘기할 수도 있어요. 근데 너무 길죠? 좀 더 짧은 표현이 있어요.

외국 가서 약을 사본 적이 없어서 오늘 표현은 전혀 모르겠어.

굉장히 어려울 거예요. 자, 집중해주세요!

▶▶ 그래서, 타일러가 준비한 표현은?

384

Can you get it off the shelf?

* **해석** 그것을 선반에서 꺼내주시겠습니까?

Check!

* Can you get it - 얻을 수 있나요?
* Off the shelf - 선반에서 밖으로

타일러 Tip

미국에서 약을 살 때는 한국의 편의점처럼 약국에 나열된 약을 알아서 챙겨 계산대로 들고 가면 돼요. 그래서 처방전이 따로 필요 없는 건 선반에서 꺼내달라고 말하면 되는 거죠.
조금 더 복잡하지만 전문적인 표현을 쓰고 싶다면 'Over the counter'라고 하면 돼요. 또 오늘 표현은 'Can you get it over the counter?'라는 식으로 응용할 수 있습니다. 이것도 많이 쓰이는 표현이에요.
반면에 처방전이 필요한 약은 'A prescription drugs'라고 하면 됩니다. 'Prescription(처방전)'이라는 단어가 조금 어렵지만, 필요할 때가 있을 수 있으니 기억해두세요.

385

한 번은 봐줄게요.

바로 듣기

아들이 설거지를 하다가 제가 제일 아끼는 머그컵을 깨버렸어요. 절 도와주겠다고 시작한 일이라 크게 화는 안냈지만, 이럴 때 '딱 한번만 봐준다'고 하잖아요. 영어에도 이런 표현이 있을까요?

'I'll give you break.(내가 널 쉬게 해줄게.)'

엇! 나쁘지는 않은데 뭔가 아주 유명한 초콜릿이나 사탕 광고 카피 같아요. 다시 시도해보세요.

'I'll give you chance.(내가 기회를 줄게.)'

좋아요. 'I'll'로 문장을 시작한 게 정말 좋아요.
'Chance'라는 말을 조금만 다르게 표현하면 제가 준비한 표현이 나옵니다.

▶▶ 그래서, 타일러가 준비한 표현은?

385

I'll let you off the hook this time.

* **해석** 이번엔 용서해줄게요.

Check!

* I'll let you - 제가 허락할게요
* Off the hook - 걸려 있지 않아도
* This time - 이번엔

타일러 Tip

'Off the hook'은 '내려놓다', '책임지지 않아도 된다'는 의미예요. 낚시할 때 낚시 바늘을 'Hook'이라고 하는데 그 낚시 바늘에서 떨어져 나가는 거니까 책임지지 않아도 된다는 의미가 되는 거죠. 비슷한 표현 몇 개 더 알려드릴게요.

- I'll forgive you this time. 이번엔 용서할게.
- I'll look the other way this time. 이번엔 다른 쪽으로 볼게.
- I'll let you get away with it this time. 이번엔 그걸 피하게 해줄게.

이렇게도 쓸 수 있으니 알아두세요.

나중에 후기 들려주세요.

원어민 선생님이 방학을 어떻게 보내고 있는지 궁금해서 연락했더니, 편의점 막국수를 먹을 거라고 하더라고요. 저도 편의점 막국수는 못 먹어봤는데, 나중에 후기 들려달라고 말하고 싶은데 말을 못했어요. 영어로 말하고 싶어요!

'Let me know about that late.(늦게 그것에 대해 알려줘.)'

'Let me know(알려줘)'까지는 너무 좋았어요. 그리고 'late'는 'later'로 바꾸면 조금 더 자연스러워져요.

'Let me know when you eat after.'

'후기'라는 말 때문에 'After'를 쓴 것 같은데, 굳이 안 들어가도 돼요. 그냥 어땠는지만 물어보면 돼요.

▶▶ 그래서, 타일러가 준비한 표현은?

386

Let me know how it is.

* **해석** 어땠는지 알려줘요.

Check!

* Let me know - 나에게 알려줘
* How it is - 그것이 어땠는지

타일러 Tip

오늘 표현이 언제든지 먹어볼 수 있고 경험할 수 있는 것의 후기를 묻는 표현이라면, '나 오늘 고백할 거야', '나 오늘 면접 보러 갈 거야' 등 뭔가를 시도해본다고 했을 때의 후기를 묻고 싶을 때는 'Let me know how it goes'로 표현하면 됩니다.

무소식이 희소식이에요.

바로 듣기

결혼하고 애 키우다 보니 친구들과 자주 연락하는 것도 쉽지 않은데요. 왜 이렇게 연락하기가 어렵냐고 투덜대는 친구에게 '무소식이 희소식'이라고 말해주고 싶어요.

오늘 표현은 영어 학원 다닐 때 정확하게 외웠어. 'No news is good news.'

맞아요. 완벽해요. 덧붙일 말이 필요 없을 정도로 완벽해요!

▶▶ 그래서, 타일러가 준비한 표현은?

387

No news is good news.

*** 해석** 무소식이 좋은 소식이에요.

Check!

* No news is - 아무 소식이 없는 것이
* Good news - 좋은 소식이에요

타일러 Tip

이 표현은 미국에서도 통하는 표현이에요. 근데 이 표현은 연락을 주고받는 상황에서 써야 자연스러운 표현이에요. 예를 들어 가족들과 오랫동안 연락을 안 했을 때 '왜 이렇게 연락이 없었어, 연락 좀 하지'라는 말에 'No news is good news'라고 쓰는 표현입니다. 아무한테나, 아무 상황에서나 쓸 수 있는 표현은 아니에요.

388

비결이 뭐예요?

제 친구는 먹는 것도 많이 먹고, 운동도 잘 안하는데 살이 안 쪄요. 정말 부러워 죽겠습니다. 말로만 듣던 축복받은 바디인 건지, 비결이 뭔지 묻고 싶어요.

'Hey, tell me what's your secret?(이봐, 너의 비밀이 뭔지 말 좀 해줘.)'

좋아요. 이것도 맞는 표현이에요. 근데 좀 더 줄일 수 있겠죠?

'What's your secret?'

완벽해요! 이틀 연속으로 정답을 맞추네요.

▸▸ 그래서, 타일러가 준비한 표현은?

388

What's your secret?

*** 해석** 당신의 비밀이 뭔가요?

Check!

* What's - 무엇인가요?

* Your secret - 당신의 비밀

타일러 Tip

'비결'이란 건 남이 모르는 방법을 말하는 거니까 그것 자체가 비밀인 거죠. 근데 오늘 표현을 쓰려면 앞에 상황을 먼저 설명해야 돼요. 예를 들어, '넌 엄청 먹는 것 같은데 살도 안찌고, 비결이 뭐야?', '넌 잠만 자는 것 같은데 성적도 잘 나오고, 비결이 뭐야?' 이런 식으로 상황에 대해 설명한 뒤에 물어봐야 합니다.

389

전 매운 걸 먹으면 스트레스가 풀려요.

전 스트레스를 받으면 엄청 매운 낙지볶음을 먹어야 스트레스가 풀리는데, 외국인 동료는 그런 절 이해하지 못 하더라고요. 어떻게 설명해주면 좋을까요?

'When I eat spicy food, no stress.(나는 매운 음식을 먹을 때, 스트레스가 없어요.)'

전체적인 문장 구조는 좋아요. 먼저 나의 경우를 말하고, 그 다음에 어떤 식으로 풀리는지 말하는 게 좋습니다.

'When I always eat spicy food, no more stress.(나는 항상 매운 음식을 먹을 때, 더 이상 스트레스를 받지 않아요.)'

이렇게 풀어서 설명해도 되지만 매운 음식이 스트레스를 풀어준다는 말을 강조해야 할 것 같아요.

▶▶ 그래서, 타일러가 준비한 표현은?

389

For me spicy food is stress relief.

*** 해석** 나에게 매운 음식은 스트레스 해소법이에요.

Check!

* For me - 나에게
* Spicy food is - 매운 음식은 ~에요
* Stress relief - 스트레스 완화

타일러 Tip

'Relief'는 '안심', '완화'라는 뜻으로, 스트레스가 풀린다는 의미를 잘 설명해주는 단어예요. 매운 음식이 아니라도 뭐든 응용할 수 있겠죠? 그리고 'Stress' 앞에 'Good'을 넣어주면 문장이 보다 완벽해 져요. 예를 들어 볼까요?

- For me running is good stress relief.
  나에게 달리기는 스트레스 완화에 정말 좋아요.

390

소파와 한 몸이 됐어요.

방학 때 너무 더워서 안 나가고 하루 종일 소파에서 TV만 봤어요. 친구가 방학 어떻게 보냈냐고 묻길래 소파와 한 몸이 됐다고 말하고 싶은데, 영어로 말해주면 친구가 놀라겠죠?

'I'm a couch-potato.'

정말 좋아요. 정말 많이 쓰는 표현이라서 팡파르 울리고 싶지만, 오늘 상황과 좀 더 잘 맞는 표현이 있어요.

'I and couch is one.'

엇 근접해요! 근데 'The couch and I are one'이라고 해야 조금 더 자연스러워요.

▸▸ 그래서, 타일러가 준비한 표현은?

390

I'm becoming one with my couch.

*** 해석** 나는 소파와 한 몸이 되고 있어요.

Check!

* I'm becoming one - 나는 하나가 되고 있어요
* With my couch - 내 소파와 함께

타일러 Tip

영철 형이 말한 'Couch-potato'는 소파에서 감자칩을 먹으며 TV만 본다는 의미예요. 자주 쓰는 표현이니까 함께 알아두시면 좋습니다. 미국에서도 'Sofa(소파)'라는 말을 쓰기는 하지만, 할머니 할아버지가 쓸 것 같은 옛날 단어에요. 'Couch'라고 말하는 게 더 좋아요.

그리고 오늘 표현은 좀 웃긴 표현이에요. 소파와 내가 일심동체가 됐다, 물아일체가 됐다는 표현으로, 집에서 뒹굴대는 모습을 해학적으로 담아낸 표현이라고 생각하면 됩니다.

복습하기

376 ~ 390

- 선착순 20명에게만 줘요.
- 통장잔고가 바닥났어요.
- 그냥 립서비스였어요.
- 귀가 참 얇네요.
- 당일치기로 다녀올 거예요.
- 긴장 좀 하세요.
- 꽝입니다.
- 5인 좌석이 있나요?
- 처방전 없이 살 수 있는 약이 있나요?
- 한 번은 봐줄게요.
- 나중에 후기 들려주세요.
- 무소식이 희소식이에요.
- 비결이 뭐예요?
- 전 매운 걸 먹으면 스트레스가 풀려요.
- 소파와 한 몸이 됐어요.

복습하기

376 ~ 390

- No, only the first twenty(20) people.
- My bank account is empty.
- Just take the compliment.
- You're so gullible.
- I'm going to take a day trip somewhere.
- Watch yourself.
- No luck.
- Do you have a table for five?
- Can you get it off the shelf?
- I'll let you off the hook this time.
- Let me know how it is.
- No news is good news.
- What's your secret?
- For me spicy food is stress relief.
- I'm becoming one with my couch.

391

엉덩이에 주사 맞을게요.

종합병원 주사실에서 일하고 있는데, 엉덩이에 주사를 맞아야 한다고 말해줘야 하거든요. 가끔 외국인 환자가 오면 어떻게 설명해줘야 할지 난감해요. 영어 표현 알려주세요!

'You have to take injection your hip.(엉덩이 주사를 맞아야 합니다.)'

'Hip'라고 하면 보통 '골반'을 의미해요. 그래서 골반뼈에 주사를 놓는다고 생각할 거예요. '엉덩이'라는 단어를 쓰세요.

엉덩이는 'Hip' 말고 배운 게 없는데… 모르겠어.

아이한테 설명한다고 생각하고 표현을 떠올려보면 도움이 될 거예요.

▶▶ 그래서, 타일러가 준비한 표현은?

391

The shot goes in your bottom.

* **해석** 주사는 당신의 엉덩이에 투여됩니다.

Check!

* The shot goes - 총(주사)을 놓을 거예요
* In your bottom - 당신의 아래쪽(엉덩이)에

타일러 Tip

영철 형이 말한 'Injection'도 '주사'라는 표현이지만, 주로 'Shot'이라고 표현해요. 또 'Bottom'은 '아래쪽', '맨 아래'라는 뜻이지만, 직접적으로 엉덩이라고 말하지 않아도 모두가 엉덩이라고 알아듣는 은유적인 표현이니까 알아두세요.
그 외에도, 주사 맞을 때 쓸 수 있는 표현을 알아볼까요?
- It may sting a bit. 조금 따끔할 수도 있어요.
- Keep pressure on it. 그곳을 눌러주세요.
- Okay, you're all set. 좋아요, 준비가 다 됐어요.

392 어깨너머로 배웠어요.

바로 듣기

외국인이 길을 물어봐서 대충 알려줬는데 친구가 저를 너무 대단하게 보더라고요. 그래서 진미영으로 어깨너머로 배웠다고 말했는데, 순간 영어에도 이런 표현이 있을까 궁금해지더라고요.

'I hold over the shoulder.'

이건 누가 나를 감시하고 있다는 의미로 느껴져요. 사무실에서 일하는데 뒤에서 상사가 어깨 너머로 보고 있는 듯한 그런 느낌이에요.

그럼 정식으로 배운 게 아니라 길에서 배웠다는 말이 있지? 'I learned on the street.'

오! 나쁘진 않은데 이번 상황과는 뭔가 안 맞아요.

▶▶ 그래서, 타일러가 준비한 표현은?

392

Here and there.

*** 해석** 여기저기에서

Check!

* Here - 여기
* And there - 그리고 저기

타일러 Tip

좀 더 완벽한 문장이 되려면 'I learned it here and there'이라고 하면 되겠죠?
오늘 표현은 누군가가 '비결이 뭐예요? 어디서 알게 됐어요?' 이렇게 물을 때, 'You know, here and there.' 이렇게 쓰면 됩니다. 여기저기서 주워들었다는 의미가 되는 거예요.

393

저 뒤끝 없는 스타일이에요.

제가 좀 통통해서 동료들이 곰돌이 푸라고 놀리는데, 가끔 제가 삐쳤나 싶어 제 눈치를 살피기도 해요. 그럴 때 나는 뒤끝 없는 스타일이라고 말하고 싶은데 어떻게 말하면 될까요?

뒤끝 없다는 건 쿨한 거니까, 'I'm so cool.'

이건, '나 참 멋있어요' 이런 의미로 느껴질 거예요.

'I never get angry. I'm always fine.(난 절대 화나지 않아. 난 항상 좋아.)'

이렇게 말하는 건 뭔가 오히려 더 화가 나 있고 문제가 있다는 뜻 같아요.

▸▸ 그래서, 타일러가 준비한 표현은?

393

I'm laid back.

*** 해석** 난 느긋해요.

Check!

* I'm laid back - 난 느긋해요. 난 태평한 스타일이에요.
* Laid back - 느긋한, 태평스러운

타일러 Tip

'I'm laid back' 뒤에는 어떤 부분에서 느긋한지 'About 000'라고 이유를 붙여주면 더 좋아요.
예를 들어, 'I'm laid back about what other people say(사람들이 뭐라고 놀려도 난 뒤끝 없어)'라고 쓸 수 있어요.
또 영철 형이 말한 'Cool'을 쓰고 싶을 땐 'I'm so cool'보다는 'No, it's cool'이라고 하면 뒤끝 없다는 의미를 전달할 수 있습니다.

한두 명이 아니에요.

바로 듣기

직원들과 얘기하는데, 진미영 듣는 사람들이 한두 명이 아니더라고요. 수없이 많다는 의미인 한두 명이 아니라는 표현, 영어에도 있나요?

'Not one or two.(하나 둘이 아니야.)'

음… 좋은 시도였지만 그렇게 말하지 않는 편이에요.

'There's a lot of people.(사람이 정말 많아요.)'

나쁘지 않아요. 뭘 하는 사람들인지 덧붙여주면 더 좋은 문장이 될 수 있어요. 근데 '한두 명이 아니에요'라는 표현과는 조금 차이가 있어요. 한두 명이 아니라는 이유가 뭘까요? 처음에는 한두 명 정도 있을 것이라고 생각했는데 그게 아니었다는 거죠? 즉, 생각보다 그렇게 하는 사람이 많다고 표현하면 되지 않을까요?

▶▶ 그래서, 타일러가 준비한 표현은?

394

There are more than you think.

*** 해석** 당신이 생각하는 것보다 더 많아요.

Check!

* There are more than - 그것보다 더 많아요
* You think - 당신이 생각하다

타일러 Tip

비슷한 표현으로, 영철 형이 'A lot'을 쓰는 것도 좋아요. 'There are a lot of people like that.' 이렇게 표현하면 됩니다.
그리고 오늘 표현은 'There are'가 맞지만, 실제로는 'There's=There is'로 많이 써요. 문법적으로는 틀렸지만 그냥 숙어 같은 거예요. 그러니까 'There's more than you think'도 함께 알아두세요!

395

부전자전이에요.

남편이 어지르기만 잘하고 치울 줄을 모르는데, 아들이 그 점을 쏙 빼닮았어요. 이럴 때 부전자전이라고 하잖아요. 이런 사자성어도 영어 표현이 있을까요?

'He's a father side.(그는 아빠 쪽이에요.)'

완전히 틀린 건 아닌데 이렇게 표현하니까 생각나는 문장들이 너무 많아요. 근데 오늘은 관용구를 준비해왔어요. 그쪽으로 생각해보세요.

'Father and son are same.(아빠와 아들이 같아.)'

영철 형이 말한 건 아버지와 아들에 한해서 쓸 수 있는 표현이죠. 아버지와 아들에만 해당되는 것 말고, 어머니와 아들, 아버지와 딸, 어머니와 딸 모두에게 쓸 수 표현이 있어요. 부모랑 똑같다는 느낌으로 하는 거죠.

▶▶ 그래서, 타일러가 준비한 표현은?

395

The apple doesn't fall far from the tree.

* **해석** 사과는 그 나무에서부터 멀리 떨어지지 않아요.

Check!

* The apple doesn't fall - 사과는 떨어지지 않아요
* Far from the tree - 그 나무에서부터 멀리

타일러 Tip

'부전자전'이라는 사자성어를 고치다 보니 관용구를 먼저 생각하게 됐어요. 부전자전에 어울리는, 오래 전부터 전해져 내려오는 표현인 거죠. 근데 그냥 좀 더 쉽고 편하게 설명하려면 'Like father, like son'이라고 해도 된답니다.

396

바가지 썼네요.

외국인 동료가 강원도로 휴가를 가서 기념품을 사왔는데, 딱 봐도 바가지를 썼더라고요. 알려주면 속상해 할 것 같지만, 영어 표현이라도 알아두고 싶어요.

'You got ripped.'

정말 가까워요. 근데 문장 뒤에 뭔가 하나가 더 있어야 해요. 이렇게만 하면 '근육을 짧은 시간에 빨리 만드셨네요' 이런 의미가 될 거예요.

'You got ripped off.'

좋아요. 정말 자연스러워요. 바가지를 썼다는 뜻이긴 한데, 지나치게 돈을 많이 냈을 때 강조하는 표현이에요. 근데 제가 준비한 표현은 아니에요.

▶▶ 그래서, 타일러가 준비한 표현은?

396

You got jipped.

*** 해석** 당신은 사기 당했어요.

Check!

* You got jipped - 당신은 사기 당했어요.

타일러 Tip

'To jip'와 'To rip off'는 '사기를 당하다', '속임을 당하다'라는 의미예요.
'Jip'는 '당하다'의 느낌이 강합니다. 바가지를 썼는데 속임을 당했다는 것에 강조를 두고 싶을 때 'Jipped'를 쓰면 좋아요. 억울함이 느껴지는 표현이에요.
'Ripped off'는 돈을 지나치게 많이 냈다, 낸 금액에 비해서 실제 가치가 너무 낮다 등 금액에 강점을 두는 듯한 느낌이에요. 억울하게 당했다는 것보다 내 돈을 뺏겼다는 느낌에 조금 더 가까운 표현입니다. 가게에서 구경하고 있는데 마음에 드는 물건이 있어서 가격표를 확인해봤더니 말도 안 되게 비싼 것이면, 'What a rip off(그 물건의 가격이 Rip off이다)'라는 식으로 표현할 수 있다는 점에서 'Rip off'가 상당히 돈과 연관이 강하다고 볼 수 있어요.

397

(머그컵) 이가 나갔어요.

친구에게 머그컵을 선물 받았는데 이가 나가서 안 쓰고 있거든요. 근데 그 친구는 제가 머그컵을 안 쓰니 서운해 하는 것 같아서, 이가 나갔다는 걸 설명해주고 싶어요.

'Mug teeth are disappeared.(머그의 이빨들이 사라졌어.)'

'이'를 'Teeth'로 표현하지는 않아요. 살짝 깨졌다는 표현을 생각해보세요.

'Mug cup has broken.(머그컵이 깨졌어.)'

'Broken'은 아예 와장창 깨졌다는 의미고, 살짝 깨졌다는 표현을 생각해야겠죠?

▶▶ 그래서, 타일러가 준비한 표현은?

397

It got chipped.

* **해석** 그건 이가 나갔어요.

Check!

* It got chipped - 작은 조각이 나갔어요.
* chip - 한 조각, 작은 조각

타일러 Tip

'Chip'이란 단어가 익숙하지 않나요? 디즈니 애니메이션 <미녀와 야수>에서 작은 머그잔 이름이 'Chip'이었는데! 'Chip'은 작은 조각, 부스러기를 의미해요.
참고로 오늘 표현은 식당에 갔는데 이가 나간 그릇이 보이면 'There's a chip in it'라고 표현하면 더 좋습니다.

398

누가 이기나 한번 해봐요.

바로 듣기

에어컨이 고장 나서 직접 고쳐보려고 했는데, 될 듯 말듯 하더라고요. 승부욕이 생기니까 '네가 이기나 내가 이기나 한번 해보자!'라고 말했는데 영어 표현도 궁금해요!

'You win or I win.'

한국식으로 그대로 직역했네요. 미국식 표현을 한번 생각해보세요.

해보자니까 'Let's'를 써야 할 것 같은데….

좋아요. 정말 좋아요. 'Let's'로 시작해요. 그럼 뒤에 있는 부분은 어떻게 해야 할까요?

▶▶ 그래서, 타일러가 준비한 표현은?

398

Let's see who wins.

* **해석** 누가 이기나 봅시다.

Check!

* Let's see - 봅시다
* Who wins - 누가 이기는지

타일러 Tip

어떤 문장이든 한국식으로 먼저 접근하지 마세요. 제가 한국어를 미국식으로 접근해서 말하면 지금 이 문장을 백 번 읽어도 이해 못하실 거예요. 문장을 전체적으로 보고, 의도와 상황을 파악한 다음에 핵심을 표현하는 게 중요합니다.

399

현 위치 좀 표시해주세요.

바로 듣기

홍콩 여행을 갔다 왔는데 아날로그 느낌으로 여행하려고 지도 한 장 들고 다녔거든요. 근데 지도를 봐도 현 위치가 어딘지 모르니까 길을 못 찾겠더라고요. 현 위치 좀 표시해달라고 어떻게 말하면 될까요?

'Could you express this map current address?(현재 주소를 이 지도에 표시해주시겠습니까?)'

어려운 단어들을 너무 많이 썼어요. 굳이 직역할 필요는 없어요.

'Can you tell me where we are this map?'

거의 다 왔어요! 필요한 단어는 거의 다 나온 것 같아요.

▶▶ 그래서, 타일러가 준비한 표현은?

399

Can you show me where we are on this map?

* **해석** 우리가 있는 곳을 이 지도 위에 표시해주시겠어요?

Check!

* Can you show me - **나에게 보여주시겠어요?**
* Where we are - **우리가 어디에 있는지**
* On this map - **이 지도 위에서**

타일러 Tip

'Current(현 위치)'나 'Express(표시하다)' 같은 어려운 단어로 설명할 필요는 없어요. 차근차근 풀어서 설명하면 됩니다. 'Current location'은 뭔가 기계적인 표현 같아요. 또 문장의 시작은 'Where we are' 아니면 'Where I am'으로 하는 게 좋아요. 지도가 없거나 스마트폰으로 길을 보고 갈 때도 쓸 수 있는 표현이죠. 지도 부분만 빼고 'Excuse me, can you tell me where we are?'라는 표현도 함께 기억하세요!

분위기 파악 좀 하세요.

동기 중에 눈치가 없어도 너무 없는 동기가 있습니다. 그래서 분위기 파악 좀 하라고 한마디 해주고 싶어요. 영어 표현 좀 알려주세요.

'You should read the mood.(넌 분위기를 읽어야 해.)'

말이 되긴 해요. 그런데 조금 어색한 것 같아요.

'You should check out atmosphere.(분위기 좀 체크해.)'

분위기를 파악하라고 해서 굳이 '분위기'를 설명할 필요는 없어요.

▶▶ 그래서, 타일러가 준비한 표현은?

400

Get with the program.

* **해석** 프로그램대로 하세요.

Check!

* Get - 가지세요, 마련하세요, 이해하세요, 파악하세요.
* With the program - 계획과 함께, 프로그램과 함께

타일러 Tip

여기서 말하는 'Program'은 회사의 일정, 절차 같은 걸 말해요. 연극이나 뮤지컬을 보러 가면 짜여진 순서를 적어놓은 '프로그램'이 있잖아요. 그래서 프로그램대로 하라는 건, 정신 차리고 짜여진 대로 하라는 의미에요.
'Program'이란 단어가 어렵다면, 'Get with it'이라고만 해도 의미가 통하니까 함께 기억해주세요!

401

그래서 결론이 뭐예요?

직원들끼리 점심메뉴에 대한 토론이 한창이었는데요. 제가 잠깐 전화를 받고 온 사이에 결론이 난 것 같더라고요. 그래서 결론이 뭐냐고 묻고 싶은데, 어떻게 말하면 될까요?

'What is point?(포인트가 뭐예요?)'

'What is the point?'라고 해야 하는데, '포인트'와 '결론'은 다르죠. 이 상황은 여러 가지 선택지 중 결론이 뭐냐고 묻는 거잖아요.

'What is the choice?(뭘 선택했어?)'

물론 쓸 수는 있는 표현이지만 여러 가지 중에서 하나를 선택했다는 느낌은 부족한 것 같아요.

▸▸ 그래서, 타일러가 준비한 표현은?

401

So, what's the verdict?

* **해석** 그래서, 결론이 뭐라고요?

Check!

* So - 그래서
* What's the verdict? - 결론이 무엇인가요?

타일러 Tip

'Verdict'는 재판에서 배심원들이 유죄 혹은 무죄를 발표할 때, 심사숙고한 뒤에 내리는 결정사항을 말해요. '평결이 어떻게 났어?', '결정이 어떻게 났어?' 이렇게 묻는 거죠. 오늘 표현은 모든 상황에서 쓸 수 있는 게 아니라 여러 가지 선택지 중에서 뭐로 결정했는지 물을 때, 그 상황에서만 쓸 수 있다는 거 기억하세요.

거북이를 삶아 먹었나요?

바로 듣기

외국계 회사 면접을 본 남편이 결과발표만을 기다리고 있는데, 느려도 너무 느린 거예요. 이럴 때 우린 거북이를 삶아 먹었냐고 하는데, 영어에도 이런 말이 있을까요?

'What are you so been late?(왜 이렇게 늦니?)'

음… 'Why are you being so late?'를 말하고 싶으신 것 같아요. 근데 그건 '왜 이렇게 느리냐'가 아니라, '왜 이렇게 늦었냐'고 물어보는 거예요. 거북이는 늦기도 하겠지만, 여기서 말하고자 하는 건 느리다는 거니까 다른 표현을 생각해보세요!

'How long do I have to wait?(얼마나 오래 기다려야 해요?)'

나쁘지는 않은데 내가 많이 기다리고 있다는 사실에 강점을 두기 때문에, 표현이 조금 세게 느껴져요.

▶▶ 그래서, 타일러가 준비한 표현은?

402

What's taking so long?

* **해석** 무엇이 그렇게 길어지는 거죠?

Check!

* What's taking - 무엇이 걸리나요?
* So long - 너무 오래

타일러 Tip

비슷한 말로 'They're so slow(그들은 너무 느려요)'를 쓸 수도 있어요.
영철 형이 미국 드라마 <프렌즈>에서 봤다는 표현이 'What took you so long?(왜 이렇게 늦었어?)'인데요. 이 표현도 함께 기억해두세요!

403

제가 꿩 대신 닭인가요?

외국인 동료가 콘서트에 함께 가자고 하는데, 날짜를 보니까 당장 내일이더라고요. 이건 누가 봐도, 다른 사람과 가려다가 퇴짜 맞은 것 같은데, 꿩 대신 닭이냐고 묻고 싶었어요. 영어에도 이런 표현이 있나요?

꿩이 좋은 거지? 'Am I your pheasant instead chicken?(내가 닭 대신 너의 꿩이니?)'

하하하하. 이렇게 말하면 외국인은 전혀 이해 못할 거예요.

'Am I for someone else?(내가 그 밖의 누군가인 거니?)'

왜 이렇게 시도했는지 이해는 가지만 조금 방향을 바꿔 볼 필요가 있어요. 나를 먼저 고른 것이 아닌 상황이잖아요? 그러면 내가 첫 번째가 아닌 두 번째에는 생각이 나는 거니까 그 방향으로 생각해보세요.

▶▶ 그래서, 타일러가 준비한 표현은?

403

Was I your second choice?

* **해석** 내가 당신의 두 번째 선택인가요?

Check!

* Was I~? - 나는 ~인가요?
* Your second choice - 당신의 두 번째 선택

타일러 Tip

한국 속담이나 사자성어를 영어로 표현하고 싶을 때는 절대! 그대로 옮기지 마세요. 상대방의 문화나 상대방의 의도를 파악하지 못하면 소통이 어려워요. 우선 왜 이 표현이 쓰고 싶은지 한 번 더 생각해보고, 이 사자성어나 속담의 의도가 무엇인지, 또 무슨 비유인지를 고민해보세요. 한국을 전혀 모르는 사람이라고 가정하고, 보편적으로 모든 사람이 들으면 이해할 수 있는 문장을 만들어야 해요. 닭 얘기도 하고 꿩 얘기도 하는데, 꿩이 없는 나라의 사람에게는 어떻게 말할 수 있을까요? 그러니 속담과 사자성어는 풀어서 설명하거나 그 의도를 다르게 표현할 수 있는 방법을 고민하시길 바랍니다.

텃세가 좀 있어요.

바로 듣기

귀농을 했는데, 외국인 동료가 농촌생활은 어떠냐고 묻더라고요. 지금은 채소도 나눠먹고 잘 지내지만 처음엔 텃세가 좀 있었다는 걸 표현하고 싶은데 어떻게 하면 될까요?

'They attack me.(그들은 나를 공격했어요)' 혹은 'They look down on me.(그들은 나를 깔봐요.)'

물론 텃세라고 하면 이렇게 말할 수도 있지만 오늘 사연은 그냥 낯가림에 가까운 것 같아요. 텃세보다는 낯가림 쪽으로 가보면 어떨까요?

'They're a shy.(그들은 부끄러워해요.)'

나쁘지 않아요. 근데 친해지기 멀었다거나 친해지는 데 시간 걸릴 거라는 식으로 표현하는 것이 더 좋을 것 같아요.

▶▶ 그래서, 타일러가 준비한 표현은?

404

It takes a bit for them to warm up to you.

* **해석** 나를 받아들이는 데 시간이 좀 걸려요.

Check!

* It takes a bit - 조금 걸립니다
* for them - 그들은
* To warm up to you - 따뜻해지기까지, 익숙해지기까지

타일러 Tip

영어 단어에서 '텃세'는 새로 들어오는 사람을 경계하거나 새로 들어온 사람과 대립관계가 있는 상황에서 쓰이는데요. 이 사연은 그냥 낯가림 때문에 생긴 거잖아요. 그래서 낯가림이 풀릴 때까지 시간이 좀 걸린다는 의미로 표현해줘야 합니다. 비슷한 표현으로 'They'll warm up to you. Give it some time.(그들은 따뜻해질 거야. 시간이 좀 걸려.)' 이렇게 바꿀 수도 있겠죠?

내 말이 그 말이에요.

바로 듣기

외국인 동료에게 잡채를 설명했는데 그건 뭔지 모르겠고 시금치랑 당근이랑 국수가 들어간 음식을 좋아한다는데 그게 그거잖아요. 내 말이 그 말이라는 거, 어떻게 말해주죠?

'That's exactly what I'm saying.'

맞아요, 맞는 표현이에요. 팡파르 울려드릴게요!

'That's exactly what I mean.'

이것도 맞아요! 또 팡파르 울려드릴게요!

▶▶ 그래서, 타일러가 준비한 표현은?

405

That's what I'm talking about.

＊해석 내가 말하는 게 그거예요.

Check!

＊ That's - 그것은 ~입니다

＊ What I'm talking about - 내가 말하려는 것

영철 형이 말한 'That's what I saying'과 'That's what I mean'은 미묘한 차이가 있어요. 얘기하고 싶은 단어가 생각 안날 때 'That's what I mean'이나 오늘 표현인 'That's what I'm talking about'을 쓰면 돼요. 근데 'Saying'을 쓰려면 단어보다는 쭉 이어지는 생각이나 아이디어, 이런 전체적인 것들을 상대가 알아차릴 때 'That's what I saying'을 쓰면 됩니다.
또 영철 형이 말한 'Exactly(정확히)'를 붙여주면 좀 더 강조가 되겠죠?

복습하기 391 ~ 405

- 엉덩이에 주사 맞을게요.
- 어깨너머로 배웠어요.
- 저 뒤끝 없는 스타일이에요.
- 한두 명이 아니에요.
- 부전자전이에요.
- 바가지 썼네요.
- (머그컵) 이가 나갔어요.
- 누가 이기나 한번 해봐요.
- 현 위치 좀 표시해주세요.
- 분위기 파악 좀 하세요.
- 그래서 결론이 뭐예요?
- 거북이를 삶아 먹었나요?
- 제가 꿩 대신 닭인가요?
- 텃세가 좀 있어요.
- 내 말이 그 말이에요.

복습하기 391 ~ 405

- The shot goes in your bottom.
- Here and there.
- I'm laid back.
- There are more than you think.
- The apple doesn't fall far from the tree.
- You got jipped.
- It got chipped.
- Let's see who wins.
- Can you show me where we are on this map?
- Get with the program.
- So, what's the verdict?
- What's taking so long?
- Was I your second choice?
- It takes a bit for them to warm up to you.
- That's what I'm talking about.

406

기분 전환 좀 해봤어요.

바로 듣기

계절도 바뀌고 해서 기분 전환 겸 염색을 했는데요. 보는 사람마다 무슨 일이 있냐고 물어보더라고요. 그냥 기분 전환인데, 이것도 영어로 설명할 수 있을까요?

'I just changed my mood.(그냥 내 분위기를 바꿨어.)'

'Changed'를 쓴 건 너무 좋았어요.

'I want to refresh.(나는 리프레쉬를 원했어.)'

좋아요. 그런데 'Change'를 쓰는 게 나았던 것 같아요. 'Change'를 하려면 뭔가 새로운 걸 해야 되는 거겠죠?

▶▶ 그래서, 타일러가 준비한 표현은?

406

I needed to try something new for a change.

* **해석** 나는 변화를 위해 뭔가 새로운 것을 시도할 필요가 있었어요.

Check!

* I needed to try - 나는 시도가 필요했어요
* Something new - 새로운 무언가
* For a change - 변화를 위해

타일러 Tip

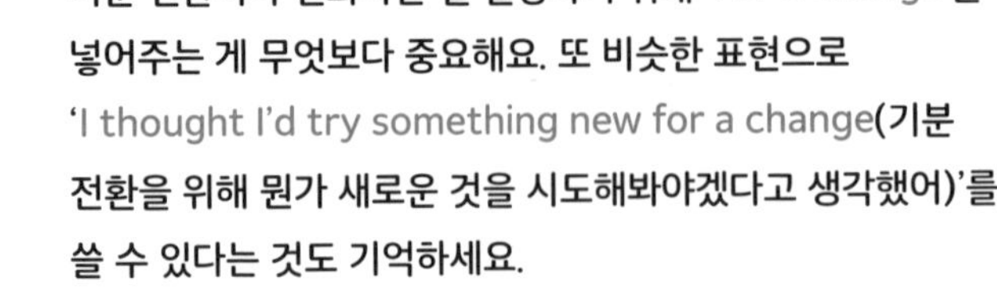

기분 전환이나 변화라는 걸 설명하기 위해 'For a change'를 넣어주는 게 무엇보다 중요해요. 또 비슷한 표현으로 'I thought I'd try something new for a change(기분 전환을 위해 뭔가 새로운 것을 시도해봐야겠다고 생각했어)'를 쓸 수 있다는 것도 기억하세요.

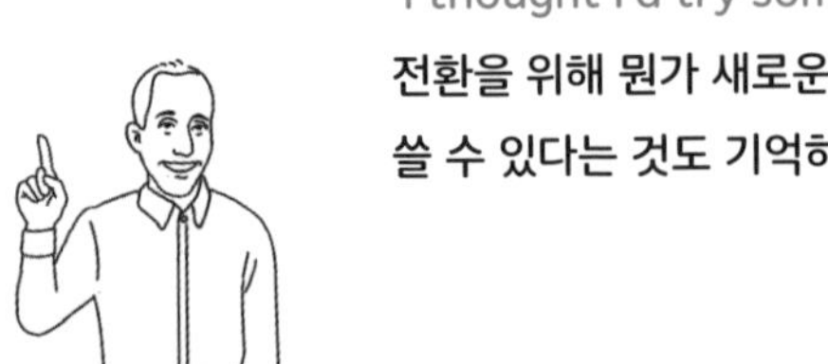

차가 꽉 막혔어요.

바로 듣기

명절 앞두고 요즘 차가 너무 막혀요. 부장님께 지각할 것 같다고 전화를 해야 하는데, 진미영 팬인 부장님께 영어로 말해주면 좋아할 것 같아요. 알려주세요!

'It's bumper to bumper.'

오 마이 갓! 제가 준비한 표현은 아니지만, 정말 좋았어요. 팡파르 울려드릴게요!

▶▶ 그래서, 타일러가 준비한 표현은?

407

I’m stuck in traffic.

*** 해석** 차가 꽉 막혔어요.

Check!

* I’m stuck - 나는 꽉 막혔어요

* In traffic - 교통체증 안에

타일러 Tip

영철 형이 말한 ‘Bumper to bumper’는 앞 차와 뒷 차의 범퍼가 딱 붙어 있을 정도로 차가 막혀 있다는 의미에요. 너무 자연스럽고 좋은 표현이지만, 정체되는 구간에서만 쓸 수 있어요. 대신 ‘Traffic’을 쓰면 좀 더 넓은 의미의 교통체증이라고 볼 수 있어요. 비슷한 의미로 ‘There’s a lot of traffic.(교통량이 너무 많아요.)’ 이렇게도 쓸 수 있고요. ‘Traffic’은 ‘교통’을 뜻하는 말이 아니라, 이 단어가 나오면 무조건 ‘교통체증’을 말하는 거예요. 출근시간이 간당간당한데 상사가 전화해서 ‘너 왜 안 오니?’라고 물을 때 ‘Traffic!’ 한마디만 해도 차가 막혔다는 의미가 돼요.

나도 좀 끼워주세요.

아이들 어릴 땐 돈 버느라 바빠서 같이 놀지도 못했는데, 이제는 함께 여행도 가고 싶고 술도 한잔하고 싶거든요. 나도 좀 껴달라고 영어로 말하면 끼워주지 않을까요?

'Let me in.(나를 안에 넣어줘.)'

너무 좋은 표현이에요. 정답과 매우 가까워요. 근데 뒤에 뭔가가 더 필요해요.

'Let me in your game.(너의 게임에 나를 넣어줘.)'

좋은 시도예요. 그런데 'Game'을 언급할 거면, 'Let me play' 쪽으로 가는 게 나을 것 같아요. 그런데 끼워달라는 게 노는 게 아닐 수도 있고, 대화일 수도 있고, 비밀일 수도 있고, 농담일 수도 있잖아요. 그럴 때 어떻게 해야 할까요?

▸▸ 그래서, 타일러가 준비한 표현은?

408

Let me in on it.

* **해석** 나도 안에 끼워줘요.

Check!

* Let me~ - 나를 ~해줘요
* In on it - 그 안에

타일러 Tip

'Let me in on it'은 이미 대화하고 있는 그 안에 나를 끼워달라는 말이에요. 대화에 끼워달라는 의미가 되겠죠? 다른 상황에서도 응용할 수 있습니다.

- Let me join. / Let me play.
  (축구나 게임 등에) 나도 끼워줘.
- Let me come too.
  (모임이나 어디 놀러갈 때) 나도 끼워줘.

어떤 행동인지에 따라, 어디에 끼워달라는 건지에 따라 다양하게 써보세요.

그 영화는 예고편이 전부예요.

외국인 동료가 주말에 영화 본다고 하길래 뭐 볼 거냐고 물었더니 제가 이미 본 영화더라고요. 근데 재미가 없었거든요. 그래서 그 영화는 예고편이 전부라고 말해주고 싶었어요. 영어로 어떻게 말할 수 있나요?

'The movie is so predictable.(그 영화는 너무 예측 가능해.)'

나쁘지 않아요. 의미는 전달이 돼요. 근데 조금 더 정확한 표현이 있어요.

'That's all about that movie.(그 영화는 그게 다야.)'

'그것이 전부 영화에 대한 거예요'라고 해석될 수 있어요. 예고편은 당연히 영화에 대한 거잖아요? 그러면 조금 더 풀어서 말하는 게 어떨까요? 그 예고편이 전부라면 예고편을 본 사람이 전부를 봤다고 할 수 있지 않을까요?

▶▶ 그래서, 타일러가 준비한 표현은?

409

If you've seen the trailer, you've seen it all.

* **해석** 만약 당신이 예고편을 봤다면, 전부를 본 것입니다.

Check!

* If you've seen the trailer - 만약 당신이 예고편을 봤다면
* You've seen it all - 당신은 전부를 본 것입니다

우선 'Trailer'는 '예고편'이란 뜻이에요. 이 표현을 선택한 이유는 문장구조 때문이에요.
- If you've ____, you've ____it all. 만약 당신이 일부를 했다면, 전부를 다 한 겁니다.
이 문장구조는 다양하게 응용할 수 있어요. 예를 들어 네덜란드 여행 이야기를 하는데, 암스테르담만 가면 충분하다는 의미로 'If you've seen Amsterdam, you've seen it all'이라고 하면 됩니다.

반려동물 사지 말고, 입양하세요.

얼마 전에 '만두'라는 이름의 유기견을 입양했어요. 외국 친구들도 볼 수 있게 제 SNS에 '반려동물 사지 말고 입양하세요'라는 표현을 올려두고 싶어요. 영어 표현 알려주세요!

반려동물은 '함께 사는 동물'이니까 'Animal companion'을 써서, 'Do not buy animal companion just adopt it.(반려동물 사지 말고 그냥 그것을 입양하세요.)'

거의 맞아요. 좋은 시도에요. 근데 'Animal companion'이란 말은 잘 안 써요.

'Do not buy animal just adopt it.(동물을 사지 말고 그냥 그것을 입양하세요.)'

반려동물, 애완동물을 모두 포함하는 단어가 있는데, 모르시겠나요?

▶▶ 그래서, 타일러가 준비한 표현은?

410

Don't buy a pet, adopt one.

* **해석** 애완동물 사지 말고, 입양하세요.

Check!

* Don't buy a pet - 애완동물 사지 마세요
* Adopt one - 입양하세요

타일러 Tip

'Animal companion'이란 단어는 '동물보호 협회'에서 쓸 것 같은 표현이에요. 물론 써도 되는 표현이지만 대중적이지 않고 일반적이지 않은 표현이에요. 반려동물, 애완동물을 표현할 땐 그냥 'Pet'을 쓰면 어떤 종이든 다 포함된다는 거, 기억하세요.

개인사정이에요.

중국어 전공자입니다. 면접을 보는데 중국유학은 왜 안 갔다 왔는지 묻더라고요. 이럴 때 보통 개인사정이라고 말하면 되잖아요. 근데 저도 모르게 주절주절 'Too much talker'가 되고 말았어요. 영어로 개인사정이라고 어떻게 말할 수 있을까요?

'Sorry, it's my private.'

그럴 땐 그냥 'It's private'이라고 하면 돼요. 'My private'라고 하면 신체적인 비밀, 개인적인 부위를 말하는 것 같아요.

'It's personal thing. It's my problem.(개인적인 거예요. 그건 내 문제에요.)'

'A'를 추가해서 'It's a personal thing'이라고 하면 좋아요. 그런데 이렇게 말하면, 상대방이 관심을 갖고 더 물어볼 수도 있어요. 다른 질문이 더 나오기 전에 끊어버릴 수 있는 표현이 있어요.

▶▶ 그래서, 타일러가 준비한 표현은?

411

I have my reasons.

* **해석** 나는 나의 이유가 있어요.

Check!

* I have - 나는 가지고 있어요
* My reasons - 나의 이유, 나의 사정

타일러 Tip

우선 오늘 표현에선 개인사정이 하나가 아니라 여러 가지일 수 있으니까 'Reasons' 복수로 써야 돼요.
참고로 'Too much talker'라는 표현은 없어요. 'A person who talks too much'라고 풀어서 말해도 좋고, '말이 많은 사람'이는 뜻의 'Chatterbox'라는 단어를 쓰시면 됩니다.

햇볕 좀 자주 쬐요.

'봄볕은 며느리를 쬐이고 가을볕은 딸을 쬐인다'는 속담처럼, 한국의 가을햇살은 너무 좋잖아요. 외국인 친구에게 가을햇살 많이 쬐라고 말해주고 싶어요.

광합성이란 단어가 'Photosynthesis'잖아. 그걸 써서 'You should photosynthesis.'

'Photosynthesis'는 명사이고, 그걸 동사로 바꾸려면 'Photosynthesize'를 쓰셔야 해요. 이렇게 말하면 상대는 정말 재밌다고 생각할 것 같아요. 마치 사람을 식물에 의인화 한 것 같거든요. 그런데 일상생활에서는 '광합성' 같은 어려운 단어를 잘 안 써요.

그럼 방향을 바꿔서… 'Hey, you get some air.(이봐, 공기 좀 쐐.)'

방향이 너무 좋아요. 조금만 바꾸면 돼요.

▶▶ 그래서, 타일러가 준비한 표현은?

412

Get some sun.

*** 해석** 햇볕 좀 쬐요.

Check!

* Get some - 약간 얻어요

* Sun - 햇볕, 태양

타일러 Tip

영철 형이 시도했던 'Get some air'라는 표현은 정말 많이 써요. 진미영 시간에 배우기도 했는데, '바람 좀 쐬라'는 의미죠.

'Get some+명사' 문장구조는 다양하게 응용할 수 있어요. 'Get some sleep', 'Get some water' 등등.

참, 그리고 오늘 표현과 비슷한 말로 'Make sure you get some sun. It's good for you.' 이렇게 풀어서 설명해줘도 좋아요.

413

(이렇게) 상추에 싸서 먹으면 돼요.

조카의 외국인 친구가 집에 놀러왔는데, 그날 저희 집 저녁메뉴가 삼겹살이었거든요. 근데 먹는 법을 설명하기가 어려웠어요. 어떻게 설명해줘야 할까요?

상추쌈을 싸먹는 모습을 직접 보여주면서, 'Look at this, lettuce to pork, with sauce and wrap.'

영철 형처럼 말을 해도 통하긴 해요. 근데 좀 더 간단한 표현이 있지 않을까요?

'You have to wrap with lettuce.'

음… 필요한 단어는 얼추 다 들어간 것 같은데, 'With'가 이상해요. 그리고 'Have to(~해야만 해요)'를 썼는데, 꼭 그렇게 싸먹어야 한다고 법으로 정해진 건 아니니까 다른 문장구조로 바꾸면 좋겠죠?

▶▶ 그래서, 타일러가 준비한 표현은?

413

Wrap it in lettuce (like this).

* **해석** 이렇게 상추에 싸면 돼요.

Check!

* Wrap it - 그것을 싸면 돼요
* In lettuce - 상추 안에
* Like this - 이것처럼

타일러 Tip

'Wrap'과 'Lettuce'의 발음을 어려워하는 한국인들이 많은데, 팟캐스트로 발음 꼭 체크해주세요. 그리고 'Wrap it in lettuce(상추에 싸면 돼요)'를 해도 되지만, 직접 고기 싸는 모습을 보여주면서 설명하면 더 좋겠죠? 그래서 문장 끝에 'Like this'를 붙여줬습니다.

잘 펴서 넣어야 해요.

바로 듣기

지하철 교통카드 충전기 앞에서 끙끙대는 외국인이 있어서 보니까, 지폐가 꾸깃꾸깃하더라고요. 이럴 때, 지폐를 잘 펴서 넣어야 한다는 설명을 어떻게 해주면 좋을까요?

'펴다'가 영어로 뭔지 솔직히 잘 모르겠어. 'Fold'가 '접다'니까, 'Unfold'인가?

구겨져 있는 걸 'Unfold' 할 순 없어요. 다른 단어를 생각해보세요.

미용실에서 머리를 펴는 걸 스트레이트라고 하는데 'straight'를 쓰는 건 어때?

'Straight'를 쓰면 평평하게 펴져 있다는 게 아니라 직선처럼 돼 있다는 뜻이에요. 의도는 알겠지만 조금 더 적합한 표현이 있어요.

▶▶ 그래서, 타일러가 준비한 표현은?

414

You have to make sure it's flat.

*** 해석** 그게 평평한지 확인해야만 해요.

Check!

* You have to - 당신은 ~해야 합니다
* Make sure - 확인하세요, 확실히 하세요
* It's flat - 그것이 평평한지

타일러 Tip

지폐를 평평하게 만들라고 정확하게 말해주고 싶을 땐, 'It' 자리에 'Money'를 넣어주면 돼요. 'You have to make sure the money is flat.' 이렇게요.
'Flat'는 '납작하다', '평평하다', '낮다'는 뜻이에요. 불뚝 올라온 부분이 없고, 평평한 것을 묘사할 때 'Flat'라고 하면 됩니다. 이런 뜻을 갖고 있기 때문에 옛날에는 1층집이나 1층 아파트를 'Flat'라고 불렀고, 그 단어가 그대로 영국에서 아파트를 칭하는 것으로 사용되고 있어요. 또 들판, 초원 등을 뜻하기도 합니다. 'Flat'라는 단어는 이런 식으로 납작하고 평평하다는 뜻이란 거, 기억하세요!

415 저도 한다면 하거든요.

오늘부터 다이어트하려고 마음먹었는데, 남편은 절대 제가 못할 거라고 무시하네요. '나도 한다면 하거든!'이라고 큰소리 쳐주고 싶어요. 영어 표현 좀 알려주세요!

'I'll do what I do.' 아니면 'I can do what I can do.'

오늘 표현은 '한다면 하거든!' 이거니까, '한다면'이라는 조건이 매우 중요해요. 그걸 넣어 보세요.

'If I going to do will do it.(만약 내가 그것을 한다면 할 거야.)'

조금 수정하자면 'If I'm going to do it, I will do it'이라고 풀어서 표현할 수 있겠죠. 근데 조금 더 간단한 표현이 있습니다.

▸▸ 그래서, 타일러가 준비한 표현은?

415

I can do it if I want to.

* **해석** 나는 내가 원한다면 그것을 할 수 있어요.

Check!

* I can do it - 나는 할 수 있어요
* If I want to - 내가 마음먹으면, 내가 원한다면

타일러 Tip

오늘 사연에 더 정확한 표현이 되려면 'I can lose weight if I want to'가 되겠죠?

- I can ____ if I want to.

이 문장구조를 다양하게 응용해보세요. 예를 들어 볼까요?

- I can be number one if I want to.
  나는 내가 원한다면 넘버원이 될 수 있어.
- I can do better in school if I want to.
  내가 원한다면 학교에서 성적이 더 좋아질 수 있어.

416

그러려니 하세요.

지하철에 줄을 서있는데, 누군가 새치기를 하는 겁니다. 너무 화가 나서 따지려는데 옆에 있는 조카가 저를 막으며 '그러려니 해~' 이러더라고요. 순간 웃음이 터져 참았는데, 영어 표현도 알고 싶어요.

'신경 쓰지 마', '신경 안 써도 돼' 이런 의미잖아. 'You don't need to care about that.(그것에 대해 신경 쓸 필요 없어요.)'

이렇게도 말할 수 있을 것 같아요. 근데 제가 준비한 표현은 아니에요.

그럼 '받아들여.' 이런 의미로 가볼게. 'You have to take it.'

음… 이렇게 표현하진 않아요. 매우 쉬운 표현이 있는데, 모르시겠어요?

▶▶ 그래서, 타일러가 준비한 표현은?

416

Just let it go.

* **해석** 그냥 두세요.

Check!

* Just - 그냥
* Let it go - 내버려둬요

타일러 Tip

비슷한 말로 'Just leave it be.(그냥 내버려둬요.)' 이렇게 표현해도 돼요.
그리고 오늘 표현 뒤에 'It's not a big deal(큰일이 아니에요)'을 붙여도 정말 좋아요.
한국인들이 많이 헷갈려 하는 'Let it be'와 'Let it go'의 차이를 좀 볼까요?
- Let it be : 그냥 지금 되어 있는 일, 현 상태를 받아들이세요. 현실을 직시하세요.
- Let it go : 내려놔요, 마음을 비워요. 흘려보내요.
참고로 'Leave it be'도 있습니다. 신경 쓰이는 게 있을 때 '건드리려고 하지 마', '고치려고 하지 마', '만지지마'라는 뜻이에요.

고급진 명대사 영어 (고대영)

바로 듣기

- 드라마 〈내 이름은 김삼순〉 중에서

삼순이만 아니면 됐지.

택시기사 : 학생, 왜 울어?
김삼순(김선아) : 친구들이 내 이름이 촌스럽다고 놀려요.
택시기사 : 에이, 뭘 그런 거 가지고 그래. 한창 나이에… **삼순이만 아니면 됐지.**

'You are satisfaction not Sam-soon.(너는 삼순이가 아닌 걸 만족한다.)'

오늘 표현은 어떻게 표현하느냐에 따라 달라질 것 같아요. 영철 형의 표현이 틀렸다고 할 순 없지만 다른 쪽으로 생각해보면 더 좋을 거 같아요.

'다행이다'라는 느낌으로 'I'm glad it wasn't Sam-soon.'

좋은 시도예요. 그 방향으로 조금 더 시도해보면 될 것 같아요.

▸▸ 그래서, 타일러가 준비한 표현은?

417

As long as it's not Sam-soon.

* **해석** 삼순이가 아니기만 하면 돼요.

Check!

* As long as~ - ~이기만 하면 돼요
* It's not Samsoon - 삼순이만 아니면

영어 표현에선 'As long as~(~이기만 하면)'을 정말 많이 써요. 그러니 알아두면 좋겠죠?
몇 가지 예를 들어 볼까요?

- As long as you are not late. 네가 늦지만 않으면 돼.
- As long as you don't sing. 네가 노래만 안 하면 돼.

418

고급진 명대사 영어 (고대영)

- 영화 <달콤한 인생> 중에서

넌 나에게 모욕감을 줬어.

선우(이병헌) : 도대체 나한테 왜 그랬어요? 7년 동안 당신 밑에서 개처럼 일해온 나를!
강 사장(김영철) : **넌 나에게 모욕감을 줬어.**

'You gave me humiliation.(넌 나에게 굴욕감을 줬어.)'

'Humiliation'을 쓰고 싶으면, 좀 더 짧은 문장으로 표현할 수 있어요. 'You humiliated me.' 이렇게 말이죠.

'You insulted me.'

이것도 너무 좋아요.

▸▸ 그래서, 타일러가 준비한 표현은?

418

You offended me.

* **해석** 당신을 나를 불쾌하게 했어요.

Check!

* You offended me - 당신은 나를 불쾌하게(모욕스럽게) 했어요.

타일러 Tip

영철 형이 정말 좋은 단어들을 많이 시도했는데, 하나씩 뜻을 한번 짚어볼까요?

- Humiliated me 나를 수치스럽게 하다
- Insulted me 나에게 모욕을 주다
- Offended me 내 체면을 상하게 하다

위의 'Humiliated me', 'Insulted me' 두 표현 다 쓸 수 있지만, 'Offended'에는 마음 깊은 곳에서부터 나를 거슬리게 하고, 기분 나쁜 감정을 줬다는 의미가 담겨 있어요.

419

고급진 명대사 영어 (고대영)

- 드라마 <태양의 후예> 중에서

어차피 그래봤자, 내가 더 좋아하니까.

유시진(송중기) : 자기 마음 들켰다고 졌다고 생각하지 맙시다. **어차피 그래 봤자, 내가 더 좋아하니까.**

'Anyway, I love you more.'

'Anyway'나 'Anyhow'를 쓰면 아까 한 말들은 다 의미 없으니 듣지 말고 지금 하는 말만 들으라는 의미가 담겨 있어요. 좀 더 일반적인 표현을 생각해보세요.

'Although I love you more.'

'Although'를 쓰려면 앞에 나온 내용하고 대조돼야 해요. 다시 말하면 'Although I love you more' 하면 'Although' 앞에 사랑하지 않는다는, 아니면 사랑하지 않을 만한 사건이나 이유, 내용이 언급돼야 해요.

▶▶ 그래서, 타일러가 준비한 표현은?

419

Because even then I like you more.

* **해석** 그렇다 쳐도 내가 더 좋아하기 때문에.

Check!

* Because~ - ~하기 때문에
* Even then - 그럴 경우라도, 그렇다고 쳐도
* I like you more - 내가 더 좋아해요

타일러 Tip

'Even then'은 굉장히 많이 쓰는 표현이에요. 꼭 알아둬야겠죠? 예를 들어 볼까요?

- Even then I don't think so.
  그렇다고 쳐도, 난 아니라고 생각한다
- Even then I will see you again.
  그렇게 된다고 쳐도, 내가 너를 다시 만날 거야

고급진 명대사 영어 (고대영)

바로 듣기

- 드라마 <별에서 온 그대> 중에서

그 양반이 아주 요령 있는 양반이야.

천송이(전지현) : 피곤한 오후엔 역시 달달한 모카라떼가 짱. 문익점 선생님이 왜 모카씨를 숨겨 들어왔는지 알 것 같다.

매니저(김강현) : 누나, 그 모카랑 이 목화랑 다르죠.

천송이(전지현) : 너 정말 몰라? 문익점 이 양반이 모카씨를 붓대에 쌔벼왔잖아. **그 양반이 아주 요령 있는 양반이야.**

양반을 영단어로 바꿀 순 없을 것 같고, 'He's very talented.(그는 매우 재능 있어.)'

'Talent'와 '요령'은 좀 다른 것 같아요.

'He's very skillful.(그는 솜씨가 아주 좋아.)'

좋아요. 그렇게 표현해도 돼요. 하지만 제가 준비한 표현에는 다른 단어가 들어 있어요.

▶▶ 그래서, 타일러가 준비한 표현은?

420

He's really clever.

*** 해석** 그는 정말 영리해요.

Check!

* He's really - 그는 정말
* Clever - 영리한

타일러 Tip

오늘 나온 단어들의 차이 좀 볼까요?
'Clever'는 '똑똑하다'는 의미이긴 하지만 '편법을 쓰는', '영악한' 이런 뉘앙스가 있어요. 그렇다고 나쁜 것은 아니고, 날카롭게 재치 있고, 눈치 빠르고, 똑똑하다는 느낌이죠.
일반적으로 머리가 좋다는 뜻의 'Smart'와는 조금 다릅니다.
위의 상황에서 요령을 'Talent'로 표현하고 싶으면, 'He's really talented'로 해주시는 게 좋습니다.
참고로 오늘 표현에서 '양반'의 의미를 추가하고 싶다면, 'Guy'를 추가하면 돼요. 문장 끝에 'That guy'를 붙여주는 거죠. 'He's really clever that guy.' 이렇게요!

복습하기

- 기분 전환 좀 해봤어요.
- 차가 꽉 막혔어요.
- 나도 좀 끼워주세요.
- 그 영화는 예고편이 전부예요.
- 반려동물 사지 말고, 입양하세요.
- 개인사정이에요.
- 햇볕 좀 자주 쬐요.
- (이렇게) 상추에 싸서 먹으면 돼요.
- 잘 펴서 넣어야 해요.
- 저도 한다면 하거든요.
- 그러려니 하세요.
- 삼순이만 아니면 됐지.
- 넌 나에게 모욕감을 줬어.
- 어차피 그래봤자, 내가 더 좋아하니까.
- 그 양반이 아주 요령 있는 양반이야.

복습하기

- I needed to try something new for a change.
- I'm stuck in traffic.
- Let me in on it.
- If you've seen the trailer, you've seen it all.
- Don't buy a pet, adopt one.
- I have my reasons.
- Get some sun.
- Wrap it in lettuce (like this).
- You have to make sure it's flat.
- I can do it if I want to.
- Just let it go.
- As long as it's not Sam-soon.
- You offended me.
- Because even then I like you more.
- He's really clever.

고급진 명대사 영어 (고대영)

- 드라마 <미생> 중에서

바로 듣기

나는 어머니의 자부심이다.

장그래(임시완) : 잊지 말자. **나는 어머니의 자부심이다.** 모자라고 부족한 자식이 아니다.

'자부심'을 어렵게 생각하지 않고 'Confidence(자신감)'으로 해볼게. 'I'm a confidence of my mom.'

'Confidence'를 생각한 건 좋은데, 영어 표현에는 직접적으로 안 나와도 좋을 것 같아요. 쉽게 생각해보세요. 어머니가 자식에게 자부심을 느끼는 건 어떤 감정을 갖고 있는 거죠?

사랑!!! 'I'm a love my mom.'

매우 가까워요. 문장을 조금 더 자연스러운 구조로 바꾸시면 돼요.

▸▸ 그래서, 타일러가 준비한 표현은?

421

Mama loves you.

* **해석** 엄마는 너를 사랑해요.

Check!

* Mama loves you - 엄마는 널 사랑해

타일러 Tip

오늘 표현은 스스로 혼잣말처럼 되뇔 때 쓰는 표현이에요. 자기 자신을 다독이며 반복하는 말인 거죠. 근데 어머니가 직접 '너는 나의 자부심이야'라고 말할 때는 'You are my pride and joy.' 그리고 다른 사람에게 '너는 네 엄마의 자부심이야'라고 위로할 때는 'Your mama loves you'라고 하면 됩니다.

고급진 명대사 영어 (고대영)

바로 듣기

- 영화 〈봄날은 간다〉 중에서

어떻게 사랑이 변하니?

상우(유지태) : 내가 잘할게.
은수(이영애) : 헤어져.
상우(유지태) : 너 나 사랑하니? **어떻게 사랑이 변하니?**

'How can change the love?'

올바른 영어 표현이 되려면 'How can love change?'라고 하면 되는데 그렇게 말을 하면 전달이 안 돼요. 상황에 대한 언급이 없기 때문에 이상하게 들릴 수 있어요.

'How can your love change to me?'

표현하려는 방향은 좋은데, 틀렸어요. 제가 알려드릴게요.

▸▸ 그래서, 타일러가 준비한 표현은?

422

How can your love for me change just like that?

* **해석** 어떻게 나를 향한 당신의 사랑은 그렇게 변할 수 있나요?

Check!

* How can your love for me - 나에 대한 너의 사랑이 어떻게?
* Change - 변하다
* Just like that - 갑자기, 순간에 그렇게

타일러 Tip

오늘 표현 끝에 붙인 'Just like that'은 'Suddenly' 느낌이에요. '갑자기', '급작스럽게'라는 의미가 담겨 있어요.

고급진 연애 영어 (고애영)

바로 듣기

지금 사귀는 사람이 있나요?

남자 : 오랜만에 보는군, 일순! 안본 사이, 많이 아름다워진 것 같아.
여자 : 아이참, 별말을 다 하는구려.
남자 : 실례가 안 된다면 묻고 싶은 게 있어. **지금 사귀는 사람이 있나?**

'Do you have a boyfriend?(남자친구 있나?)'

그것도 할 수 있는 질문이지만, 다른 방법으로 한 번 더 시도해보세요. 성별을 언급하지 않고 물어볼 수 있지 않을까요?

그러고 보니 미드 볼 때 많이 나왔던 표현이야. 'Are you seeing anyone?'

정확해요. 제가 준비한 표현도 딱 이거에요!!

▶▶ 그래서, 타일러가 준비한 표현은?

423

Are you seeing anyone?

* **해석** 만나는 사람 있나요?

Check!

* Are you seeing - 만나는 사람 있나요?
* Anyone - 누구, 아무

타일러 Tip

오늘 표현처럼 'anyone'으로 질문을 하면, 'someone'으로 주로 대답해요. 예를 들어 볼까요?

A : Are you seeing anyone?

B : Yes, I'm seeing someone.

오늘 표현은 한국에서도 마찬가지지만 미국에서도 부모님이 많이 묻는 표현이에요. '만나는 사람 있니?'라고 말이죠. 참고로 'We are seeing each other'라고 하면, 만나는 사람은 있지만 정식으로 사귀는 건지 아닌지, 누군지가 밝혀지지 않는 애매모호한 말이에요.

고급진 연애 영어 (고애영)

바로 듣기

지금 나 꼬시는 거예요?

남자 : 일순! 사귀는 사람이 있나? 아… 없댔지. 그럼 내가 유혹하면, 넘어올 건가?
여자 : **지금 나 꼬시는 거예요?**

유혹을 뜻하는, 'Temptation'을 써보면 어떨까? 'Do you tempt me?'

형! 영어 정말 잘하시네요. 근데 뭔가 셰익스피어 같아요. 시대에 맞지 않는 것이 조금 문제예요.

아놔~ 그럼, 'Are you trying to pick me up?'

엇! 좋은데요? 'Pick me up'도 좋고요. 근데 좀 더 자주 쓰는 표현이 있어요. 미드에서 많이 보셨을 텐데….

▶▶ 그래서, 타일러가 준비한 표현은?

424

Are you hitting on me?

* **해석** 나를 꼬시는 건가요?

Check!

* Are you~? - 당신은 ~하나요?
* Hitting on me - 나를 유혹하다, 꼬시다

타일러 Tip

'Hit on + sombody'라는 표현이 '꼬시다', '작업을 걸다'라는 뜻이에요.
전치사 'On'이 꼭 들어가야 해요. 'On'을 빼고 'Hitting me'라고 하면 그냥 '나를 때리다'는 뜻이 됩니다. 'On'을 넣는 거 잊지 마세요!

고급진 연애 영어 (고애영)

바로 듣기

오늘부터 1일인 거죠?

남자 : 일순! 나 궁금한 게 있어. 우린 무슨 사이지?
여자 : 무슨 사이긴요. 그냥 꼭 껴안아줘요.
남자 : 이런 귀염둥이. 그럼 우리, **오늘부터 1일인 건가?**

'Are we counting of the first day?(첫날을 세는 건가요?)'

영어권에서는 사귀는 사이에 'First day'는 매우 어색한 표현이에요.

'Is it the first day from today?'

음, 그런 식으로 날을 세지 않기 때문에 첫날이라고 하면 뭔가 끝나는 날까지 센다는 느낌이 있어요.

▶▶ 그래서, 타일러가 준비한 표현은?

425

Are we official?

* **해석** 우리 공식적인 건가요?

Check!

* Are we official? - 우리 공식적인 건가요?

타일러 Tip

미국에서는 사귀기 시작한 날을 세지 않아요. 그냥 6개월, 1년, 그리고 기념일 정도만 중요하다고 생각하는 문화권이에요. 그래서 1일이냐고 묻는 것보단 '공식적으로 연애하는 거야?', '무엇인가가 된 거야?' 이렇게 말을 하면 됩니다.
비슷한 표현으로 'Are we exclusive?(우리 서로 독점인 거야?)'가 있어요. 그리고 애매모호하게 썸 타는 기간일 때는 'Are we a thing?(우리 썸 타는 거야?)'라고 할 수 있습니다.
결국 'Thing'에서 'Official'로 바뀌는 게 영어권의 연애 진행 과정이라고 생각하시면 됩니다!

426

고급진 연애 영어 (고애영)

바로 듣기

딴 남자한테 눈길 주지 마세요.

남자 : 일순, 어딜 보는 거야? 나를 봐, 나만 바라보라고!!
여자 : 아이참, 지금 질투하는 거예요? 욕심쟁이!!!
남자 : 다시 한 번 말하지만, **딴 남자한테 눈길 주지 마.**

'Do not focus on any guy.(어떤 남자한테도 집중하지 마.)'

'Focus'를 쓰면 집중하지 말라는 뜻 같지만, 그렇게 쓰진 않아요.

'Do not pay attention to some guy.(어떤 남자한테도 관심 갖지 마세요.)'

좋은 시도예요. 근데 'Focus'와 'Pay attention' 말고, 눈길을 주거나 관심 가는 대상을 눈여겨보는 행동을 말하는 다른 동사가 있어요.

▶▶ 그래서, 타일러가 준비한 표현은?

426

Don’t check out other guys.

* **해석** 다른 남자한테 눈길 주지 마세요.

Check!

* Don’t check out - 눈길 주지 마세요, 확인하지 마세요
* Other guys - 다른 남자들

타일러 Tip

흔히 ‘Check out’이라고 하면 숙박시설에서 나갈 때 ‘체크아웃’ 하는 걸 생각하지만, 사람한테도 쓸 수 있어요. 사람한테 ‘Check out’을 쓸 때는 어떻게 생겼는지 눈길을 주고, 이성적으로 확인하는 걸 말해요. 잘 생겼거나 예뻐서 자꾸 보게 되고, 한눈팔 게 되는 걸 ‘Check out’이라고 한다는 거, 기억해두세요!

고급진 연애 영어 (고애영)

바로 듣기

난 당신에게 완전히 반한 것 같아요.

남자 : 일순, 피곤하지 않아? 하루 종일 내 머릿속을 걸어 다니잖아.
여자 : 아이 부끄럽게, 무슨 그런 말을 다 해요!
남자 : 내 마음을 보여줄 수 없다는 게, 너무 속상해. **난 너한테 완전히 반한 것 같아.**

'You're drop dead gorgeous.'

이건 그냥 엄청 예쁘다고 칭찬해주는 표현 같아요.

'I'm really interested in you.(난 네가 정말 흥미로워.)'

상대가 궁금한 거지, 연애에 대한 관심으로는 느껴지지 않아요.

▶▶ 그래서, 타일러가 준비한 표현은?

427

I totally have a crush on you.

* **해석** 나는 당신에게 완전히 반했어요.

Check!

* I totally - 나는
* Have a crush on you - 너에게 완전히 반하다

타일러 Tip

'Crush'가 '쾅' 하고 부딪치는 거니까, 너에게 내 마음이 쾅! 부딪쳤다고 생각하면 되겠죠.
또 문장 속에 쓰인 'Totally'는 '완전히'로 해석하기보다 '나는(I) + 너한테 반했다(Have a crush on you)' 문장 가운데 끼워 넣는 필러 같은 단어예요. 이 단어가 없으면 너무 직설적으로 상대에게 고백을 하는 거니까, 한숨 돌리는 기분으로 넣어주면 좀 더 진정성 있게 와닿겠죠?

428

고급진 연애 영어 (고애영)

우리 백년해로하기로 해요.

남자 : 일순, 오랜만에 누워보는군. 이제 우리 결혼해야 할 때가 됐어.
여자 : 아이, 너무 좋아요. 행복해요.
남자 : 우리 오래오래 행복하게 살기로 해. **백년해로하자는 거야.**

'We live happy ever after.(우리는 행복하게 살았답니다.)'

동화책에나 나올 법한 표현이고 현실에서는 잘 안 쓰는 표현이에요.

'We live one hundreds years.(우리는 백년을 살아요.)'

오래 산다는 걸 다르게 생각해보는 게 어떨까요?
지금부터 함께 백년을 산다면, 함께 늙어가겠죠?

▶▶ 그래서, 타일러가 준비한 표현은?

428

Let’s grow old together.

* **해석** 우리 같이 늙어가요.

Check!

* Let’s grow old - 나이가 들 때까지 살자
* Together - 함께

타일러 Tip

실제로 프러포즈할 때 ‘I want to grow old with you(너와 함께 늙고 싶어)’를 많이 써요. 무척 로맨틱한 표현이죠? 언젠가 꼭 한번 모두들 써보시길 바랍니다.

429

복을 발로 차버렸네요.

친구가 소개팅을 주선했는데 제가 거절했거든요. 근데 나중에 그녀의 사진을 보게 됐는데, 완전 제 스타일인 겁니다. 어찌나 후회되던지… 이럴 때 네가 네 복을 발로 차버렸다고 하잖아요. 영어로도 표현할 수 있나요?

'I think you kick your luck.(내 생각에 너는 네 복을 차버린 것 같아.)'

이렇게 표현하진 않아요. 더 짧은 표현이 있어요.

'Never any luck.(절대 운이 없네요.)'

'Out of luck'라고 하면, 운을 다 썼다는 표현이긴 한데 오늘 표현은 그런 의미가 아니죠?

▸▸ 그래서, 타일러가 준비한 표현은?

429

Sucks for you.

* **해석** 안타깝네요.

Check!

* Sucks for you - 당신 참 안타깝네요. 너무 아쉽네요.

타일러 Tip

오늘 표현을 좀 더 쉽게 하려면 풀어서 설명하면 돼요. 'You lost your chance.(당신의 기회를 잃어버렸네요.)'
근데 'Sucks for you'는 '너 참 안타깝다', '아쉬워 죽겠네' 이런 의미로 영어권에서 정말 많이 써요. 근데 착한 표현은 아니에요. 상대를 비아냥거리거나 놀리는 의미가 포함돼 있기 때문에 조심스럽게 쓰는 게 좋아요.

430

두 분이 나눠 가지세요.

바로 듣기

태국 여행을 가서 친구와 마사지를 받은 뒤, 팁을 드리려고 보니까 잔돈이 없더라고요. 두 분이 나눠가지라는 말을 하고 싶었는데 그러지 못하고 그냥 바디랭귀지로 둘이 가지라고 표현했어요. 영어로도 말하고 싶어요!

'Why don't you share this money?(이 돈을 나눠 쓰는 게 어때요?)'

'Why don't you~' 표현은 '~ 하는 게 어때요?' 즉 추천을 하는 거죠?

'Split it.(나누세요.)'

너무 좋아요. 그 표현이 정답에 들어가 있어요.

▶▶ 그래서, 타일러가 준비한 표현은?

430

Split the tip between the two of you.

* **해석** 둘이서 팁을 나누세요.

Check!

* Split the tip - 팁을 나누세요
* Between the two of you - 두 분 사이에

타일러 Tip

'Split ____ between _____.' 이 문장구조는 정말 많이 쓰니까 꼭 기억해두세요.
그리고 오늘 표현이 너무 길면, 'Split the tip(팁을 나누세요)'까지만 해도 상대방은 충분히 알아들을 거예요.

그 영화 입소문을 탔어요.

요즘 〈서치〉라는 영화가 인기잖아요. 외국인 친구에게 추천을 해주고 싶은데, 입소문을 타서 인기가 많다는 설명을 어떻게 해주면 좋을까요?

'Spread words.(소문을 내다, 말을 퍼트리다.)'

엇! 제가 준비한 표현은 아닌데 너무 좋아요. 대박!!

'That movie was a gossip.(그 영화는 소문이 났어요.)'

'Gossip'을 쓰려면 'There's a lot of gossip about that movie'라고 해도 되는데 'Gossip'은 뒷담화나 수다스러운, 안 좋을 수도 있는 내용의 이야기를 말하기 때문에 뭔가 영화에 문제가 있는 느낌이에요.

▶▶ 그래서, 타일러가 준비한 표현은?

431

People say it's a good movie.

* **해석** 사람들은 그걸 좋은 영화라고 말해요.

Check!

* People say - 사람들은 말해요
* It's a good movie - 그 영화 좋다고

타일러 Tip

입소문이란 영어 단어가 있긴 있어요. 'Word of mouth(입의 단어)'라고 하는데, 너무 딱딱한 표현이에요. 보고서나 뉴스에나 나올 것 같은 말이라서 풀어서 설명하는 게 더 좋아요. 그래서 그냥 입소문을 탔다고 하고 싶을 땐, 'People say it's good'이라고 하면 됩니다.

432

언제 한번 영화 보러 갈래요?

바로 듣기

동호회에서 알고 지내는 외국인 친구가 있는데, 제가 짝사랑하고 있습니다. 상대는 아직 저의 마음을 모르는데, 같이 영화 보러 가자고 말하면서 차근차근 단계를 밟아가고 싶어요. 영화 보러 가자고 어떻게 말하면 좋을까요?

'When do you want to see a movie?(언제 영화 보고 싶어요?)'

엄청 적극적이시네요. 영철 형이 쓴 'When'은 이미 영화를 보겠다고 정해놓은 거예요. 우린 꼭 영화를 볼 거기 때문에 언제 갈 거냐고 날짜를 묻는 거죠.

'Do you want to see a movie?(영화 보고 싶어요?)'

이 표현은 정말 좋아요. 제가 준비한 표현은 아니지만 팡파르 울려드릴게요.

▸▸ 그래서, 타일러가 준비한 표현은?

432

Do you want to go see a movie with me some time?

* **해석** 언제 나랑 영화 보러 갈래요?

Check!

* Do you want to go - 가기를 원하나요?
* See a movie with me - 나와 함께 영화를 보러
* Some time - 언젠가

타일러 Tip

제가 준비한 표현이 좀 길죠? 그렇다면 제 표현과 영철 형이 마지막에 말한 표현을 적절히 섞어주면 좋을 것 같아요. 'Do you want to see a movie some time?(언제 영화 보러 갈래요?)' 이렇게요! 중요한 건 데이트 신청을 할 땐 상대의 의향을 물어야 하니까 'Do you want to ____?' 이렇게 시작하는 게 좋아요.

밑줄 친 부분에 썸남썸녀와 함께하고 싶은 걸 아무거나 넣어보세요. 예를 들면 'Do you want to go for a picnic?' 이렇게 말이죠!

바로 듣기

(자기소개 할 때) 안녕하세요, 만나서 반가워요.

우리나라에서 외국인에게 자기소개를 하면 열에 아홉은 'Let me introduce myself~'로 시작하잖아요. 외국에서는 사석에서 자기소개 할 때, 어떤 말로 시작하나요?

'Hello, it's my time.(안녕, 이제 내 시간이야.)'

자기소개를 하겠다고 정해놓고 하는 것 같아요. 좀 더 자연스럽게 대화를 끌어내보세요.

'Hello, my name is Young-Chul Kim.(안녕, 내 이름은 김영철이야)'

차라리 이렇게 시작하는 게 더 좋아요. 첫 마디는 이걸로 가죠!

▶▶ 그래서, 타일러가 준비한 표현은?

433

Hi, I'm Tyler. Nice to meet you. + 질문(대화를 시작하는)

*** 해석** 안녕하세요, 저는 타일러에요. 만나서 반가워요.

Check!

* Hi, I'm Tyler - 안녕하세요, 타일러에요
* Nice to meet you - 만나서 반가워요

타일러 Tip

한국에서 면접 볼 때 자기소개를 한다면 물론 'Let me introduce myself~'로 시작하는 게 좋을 수 있어요. 면접관들은 그걸 기다리고 있고, 그게 한국에서 통하니까요. 하지만 외국에서 '자, 이제 내 소개를 할게요'라고 하면서 인사를 시작하면 매우 어색해요. 자기소개는 이름만으로 충분하다고 생각하는 문화이기 때문에 그냥 바로 대화를 시작하고, 대화를 통해 자연스럽게 상대에게 질문하고, 자기 소개를 하는 게 더 좋습니다.

434

쩝쩝거리면서 먹지 마세요.

바로 듣기

한국에서는 밥상머리 예절이 중요하잖아요. 아이들이 쩝쩝거리면서 먹으면 보기에도 안 좋고, 복 나간다고 하는데 영어에도 이 표현이 있나요? 배워서 아이들과 같이 공부하고 싶어요.

'Don't 쩝쩝.'

귀엽네요. '쩝쩝'이 'Chop chop'으로 들려요. 칼로 자르는, 도마질 하는 느낌이에요.

'Stop chewing.(씹지 마.)'

'Chewing'을 생각한 건 정말 좋았어요!

▶▶ 그래서, 타일러가 준비한 표현은?

434

Don't chew with your mouth open.

* **해석** 입을 벌리고 씹지 마세요.

Check!

* Don't chew - **씹지 마세요**
* With your mouth open - **당신의 입을 벌린 채**

타일러 Tip

비슷한 표현으로 'Don't talk with your mouth full.**(입속에 가득 넣고 말하지 마세요)'을 쓸 수도 있어요. 그리고 또 귀여운 영어 표현도 하나 알려드릴게요.**
'Do you live in a barn? Stop chewing like a cow.
(헛간에서 사나요? 소처럼 씹지 마세요.)' 이렇게도 표현할 수 있으니까 함께 잘 알아두세요.

435 그냥 쓰고 갈게요.

바로 듣기

영국 출장을 가서 모자를 하나 샀는데 그냥 그대로 쓰고 가려고 했거든요. 근데 그 말을 못해서 포장해주는 거 기다렸다가 밖에 나와서 포장을 풀고 다시 썼어요. 그냥 쓰고 간다는 말은 어떻게 하면 될까요?

'You don't need to wrap.(포장할 필요 없어요.)'

좋은 시도예요. 근데 포장보다 '봉투가 필요 없다'로, 'I don't need a bag' 쪽으로 얘기하면 더 나을 것 같아요. 하지만 그 얘기는 '쓰고 갈게요'와 다르죠. 쓰려면 뭐라고 해야 할까요?

'Just wear it. Just wanna buy.(그냥 입을게요. 그냥 사고 싶어요.)'

앞에 문장은 맞아요. 모자니까 이렇게 표현해도 돼요.

▶▶ 그래서, 타일러가 준비한 표현은?

435

I'll keep it on.

*** 해석** 계속 유지할게요.

Check!

* I'll keep it on - 계속 이 상태를 유지할게요.

타일러 Tip

계속 이 상태를 유지한다는 건 그냥 쓴 채로 나가겠다는 의미가 되겠죠? 또 옷을 사면서 그대로 입고 나가겠다고 말할 때는 영철 형이 말한 것처럼, 'I'll just wear it(그냥 입고 갈게요)'라고 하는 게 더 자연스러워요.
또 선글라스나 양말처럼 복수형의 물건을 그대로 쓰거나 입은 채 나가고 싶다고 할 때는 'I'll keep them on'이라고 하면 됩니다.

복습하기

- 나는 어머니의 자부심이다.
- 어떻게 사랑이 변하니?
- 지금 사귀는 사람이 있나요?
- 지금 나 꼬시는 거예요?
- 오늘부터 1일인 거죠?
- 딴 남자한테 눈길 주지 마세요.
- 난 당신에게 완전히 반한 것 같아요.
- 우리 백년해로하기로 해요.
- 복을 발로 차버렸네요.
- 두 분이 나눠 가지세요.
- 그 영화 입소문을 탔어요.
- 언제 한번 영화 보러 갈래요?
- (자기소개 할 때) 안녕하세요, 만나서 반가워요.
- 쩝쩝거리면서 먹지 마세요.
- 그냥 쓰고 갈게요.

복습하기

- Mama loves you.
- How can your love for me change just like that?
- Are you seeing anyone?
- Are you hitting on me?
- Are we official?
- Don't check out other guys.
- I totally have a crush on you.
- Let's grow old together.
- Sucks for you.
- Split the tip between the two of you.
- People say it's a good movie.
- Do you want to go see a movie with me some time?
- Hi, I'm Tyler. Nice to meet you. + 질문(대화를 시작하는)
- Don't chew with your mouth open.
- I'll keep it on.

436

나 닭살 돋았어요.

오랜만에 베란다 청소를 했는데, 온갖 벌레가 다 죽어 있는 거 있죠? 순간 온몸에 닭살이 돋았는데, 닭살 돋아서 소름 끼친다는 영어 표현도 있을까요?

닭살을 뜻하는 'Goosebump'란 단어가 있었던 것 같은데?

맞아요. 'Goosebumps'. 'S'를 붙여서 복수로 해야 해요. 제가 준비한 표현에도 이 단어가 들어가요. 한번 시도해보세요.

'I got goosebumps on my body.(내 몸에 소름이 돋았어요.)'

너무 좋았어요. 팡파르 울려드릴게요.

▶▶ 그래서, 타일러가 준비한 표현은?

436

I got the goosebumps.

* **해석** 나 소름이 돋았어요.

Check!

* I got - 나는 얻었어요
* The goosebumps - 소름을

타일러 Tip

'Goosebumps'라는 단어는, 'Goose(거위) + Bumps(울퉁불퉁한 피부결)'을 의미해요.
한국에선 닭살이라고 하지만, 영어권에선 거위의 살로 표현하는 게 재밌죠?
오늘 표현과 비슷한 의미로 'It gave me the goosebumps'라고 해도 되니까 함께 기억해두세요.

죄송한데, 먼저 지나갈게요.

좁은 길을 가는데 외국인 관광객들이 길을 막고 있더라고요. 그래서 '죄송한데, 먼저 지나갈게요'라고 말하고 싶었는데 그 표현을 몰라 그분들이 다 지나갈 때까지 기다렸어요. 영어 표현 좀 알려주세요!

'I'm sorry, can I go first?(죄송한데, 제가 먼저 갈 수 있을까요?)'

물론 이렇게 해도 되지만 너무 길어요. 이렇게 길게 말할 필요가 없어요.

'Excuse me, me first.(죄송한데, 제가 먼저요.)'

이것도 너무 좋은데, 둘 중 한 문장만 써도 돼요.

▶▶ 그래서, 타일러가 준비한 표현은?

437

Excuse me.

* **해석** 실례합니다.

Check!

* Excuse me - 실례합니다.

타일러 Tip

더 말할 필요 없어요. 그냥 'Excuse me'만 하면 다 통해요. 그래도 뭔가 부족한 것 같고, 좀 더 덧붙이고 싶다면 'Excuse me, coming through'라고 하면 돼요. 아니면, 'Excuse me, sorry!' 정도면 충분해요. 영어를 너무 어렵게 생각하지 마세요.

남는 건 사진밖에 없어요.

바로 듣기

휴가 때 찍은 사진들을 인화해서 보니까 역시 사진밖에 남는 게 없는 거 같더라고요. 외국인들도 이 표현에 동의할까요? 이런 표현이 있는지 궁금해요.

'Hey, only photos.'

이렇게 말하진 않아요. 영어에 사진이 중요하다는 뉘앙스의 관용구가 있어요.

'Taking photo is very important.(사진을 찍는 건 매우 중요해요.)'

이런 관용구는 없어요. 아마 못 들어 봤을 것 같은데 제가 바로 알려드릴게요.

▶▶ 그래서, 타일러가 준비한 표현은?

438

A picture's worth a thousand words.

* **해석** 사진은 천 마디 말만큼의 가치가 있어요.

Check!

* A picture's worth - 사진은 가치가 있어요
* A thousand words - 천 마디 말

타일러 Tip

비슷한 표현으로 'Memories fade but pictures last forever(추억은 사라지지만 사진은 영원히 남아요)'라는 표현도 있으니 알아두세요.
그리고 'Worth'와 'Word'가 동시에 들어가는 표현이라 발음이 헷갈릴 수 있지만 'Worth'는 바람을 흘려보내듯 '-쓰'로 발음하는 게 좋습니다. 정확한 발음은 팟캐스트로 확인하세요!

439

이 자리에 함께해서 영광입니다.

저희 회사는 연말에 우수사원을 뽑는 시상식을 하는데요. 혹시라도 제가 뽑힐지 모르니까, '이 자리에 함께해서 영광입니다' 같은 시상식 멘트 좀 배워두고 싶어요.

'Hello, Ladies And Gentlemen. I'm very exciting. Oh my God.'

영철 형이 언젠가 영어권에서 수상했으면 좋겠네요. 이미 준비가 다 돼 있는 것 같아요.

정답은 아니라는 거지? 그럼… 'I'm so honored to be here.(나는 여기에 있어서 영광이에요.)'

역시! 시상식에 많이 서봐서 그런지 잘 아네요.
정답입니다. 팡파르 울려드릴게요.

▶▶ 그래서, 타일러가 준비한 표현은?

439

It's an honor to be here.

* **해석** 이곳에 서게 돼 영광입니다.

Check!

* It's an honor - 영광입니다
* To be here - 여기에 있게 돼

타일러 Tip

영광을 뜻하는 'Honor'가 미국식과 영국식 단어가 달라서
헷갈려 하는 분들이 종종 있어요.
미국식 '영광'은 'Honor', 영국식 '영광'은 'Honour'라는 점,
참고해두세요!

그동안 마음고생 좀 했어요.

미국에서 대학을 다니고 있는데, 슬럼프를 겨우 이겨냈어요. 이제는 허심탄회하게 나 그동안 맘고생 좀 했다고 말할 수 있을 것 같아요. 이 표현, 어떻게 말해야 의미가 잘 통할까요?

'Go through'를 쓰면 어떨까 싶어. 'I had gone through it.(난 그것을 겪었어요.)'

'Go through'를 생각한 건 너무 좋은데, 표현은 조금 모자라요.

'I had going through.(나는 통과해야만 했어.)'

'Going through'도 너무 좋은데 그 앞뒤를 조금 수정해보는 게 좋을 것 같아요.

▶▶ 그래서, 타일러가 준비한 표현은?

440

I was going through a hard time.

*** 해석** 나는 힘든 시간을 겪었어요.

Check!

* I was going through - 나는 겪었어요
* A hard time - 힘든 시간을

타일러 Tip

'Hard time'이라고 하면, 정신적인 부담이나 힘든 일이 있었다고 받아들일 거예요. 개인적인 사연으로 느끼기 때문에 더 이상 물어보지 않을 거예요.
'I was going through something at that time.(나는 그때 뭔가를 겪고 있었어요.)' 이렇게 말해도 개인 사정이 있었다는 의미가 담겨 있어서 더 구체적으로 밝히지 않아도 돼요.

당신은 잘할 수 있어요.

바로 듣기

퇴사를 하고 꿈을 위해 오디션을 보는 친구에게 응원의 한마디 해주고 싶은데, 힘이 될 만한 영어 표현 좀 알려주세요.

'You can do it.(넌 할 수 있어.)'

이렇게 해도 돼요. 근데 'Just do it'이 스포츠 브랜드 슬로건이 되면서 뭔가 진심이 느껴지지 않는 상투적인 말 같아요.

'You can do well.(잘할 수 있어.)'

좋아요. 근데 잘할 수 있다는 것보다 '잘할 거얏!!!' 하는 뉘앙스의 표현이 조금 더 힘이 나지 않을까요?

▶▶ 그래서, 타일러가 준비한 표현은?

441

You're going to do great.

* **해석** 당신은 굉장히 잘할 거예요.

Check!

* You're going to do - **당신은 할 수 있어요**
* Great - **괴장히, 잘**

타일러 Tip

응원의 표현은 많지만 오늘 표현은 당신을 믿는다는 느낌이 많이 들어가 있어요. 'I'm believe in you**(난 널 믿어)'와 함께 쓰기도 해요.**
그 외에도 다양한 응원의 표현 좀 볼까요?
- It's just a test.
- It will all be over soon.
- Just do your best.

다양하게 써먹어보세요!

당신 하고 싶은 거 다 하기로 해요.

바로 듣기

이민 간 친구가 잠깐 한국에 들어왔는데, 그 친구가 하고 싶은 거 다 하게 해주고 싶더라고요. 이왕이면 영어로 말해주면, 이민 간 친구도 깜짝 놀라겠죠?

'I'll do everything for you.(네가 원하는 모든 걸 해줄게.)'

내가 너를 위해서라면 모든 것을 다 할 수 있다는 뜻이니까, 뭔가 무척 뜨겁게 사랑하는 관계 같아요.

미드에 굉장히 많이 나오는 표현을 한 번 써볼게. 'Do whatever you want.(당신 원하는 대로 하세요.)'

굉장히 잘했어요. 그런데 '~하자'라는 의미가 담기면 더 좋겠죠?

▶▶ 그래서, 타일러가 준비한 표현은?

442

Let’s do whatever you want.

* **해석** 당신이 원하는 거 무엇이든 다 해요.

Check!

* Let’s do - 하자
* Whatever you want - 네가 원하는 건 무엇이든

타일러 Tip

비슷한 표현으로 ‘Whatever’ 대신 ‘Everything’을 넣어서 ‘Let’s do everything you want’를 써도 돼요.
근데 ‘Whatever’는 당신이 상상하는 거면 그게 뭐든 다 된다는 의미고, ‘Everything’은 그냥 다 된다는 의미라서 살짝 다른 뉘앙스이긴 해요.

세 살 버릇이 여든까지 가요.

초등학교 5학년 학생인데요. 저희 반에 잘난 체하는 친구가 있는데, 걔한테 세 살 버릇 여든까지 간다고, 저도 잘난 체하며 영어로 한마디 말해주고 싶어요.

'Three years old habits be eighty years old.'

속담 그대로 직역을 했네요. 그러지 말고 속담의 뜻을 풀어서 생각해보세요.

사실 타일러 몰래 번역기를 돌려봤어. 그럼 이건 어때? 'What is learned in the cradle is carried to the grave.'

들어 본 적 없는 말이에요. 이해는 하지만 누군가가 지어낸 말 같아요. 짧고 정확한 다른 표현이 있어요.

▶▶ 그래서, 타일러가 준비한 표현은?

443

Old habits die hard.

* **해석** 오랜 습관은 죽이기 어려워요.

Check!

* Old habits - 오래된 습관은
* Die hard - 어렵게 죽어요. 잘 안 죽어요.

타일러 Tip

비슷한 표현으로 'Once a ____, always a ______.' 이 문장을 응용할 수 있어요.
예를 들어 'Once a liar, always a liar.(한번 거짓말하면, 항상 거짓말쟁이다.)'
이렇게 쓸 수 있어요. 다양하게 응용해보세요!

불난 집에 부채질하지 마세요.

바로 듣기

친구 아들 결혼식에 갔는데, 우리 애는 언제 결혼시킬 거냐고 자꾸 묻는데 그게 제 맘대로 되는 게 아니잖아요. 안 그래도 속상한데 불난 집에 부채질하지 말라고 한마디 해주고 싶은데 영어로는 어떻게 말할 수 있나요?

예전에 공부할 때 '상처가 난 데 더 덧나게 하지 마'라는 의미로, 'Wound(상처)'가 들어간 표현이 있었는데….

맞아요. 그 표현도 있어요. 잘 생각해보세요.

'Don't rub the wound.(상처를 문지르지 마.)'

'Rub'가 좋은데요. 조금 더 시도하면 나올 것 같아요. 방향이 너무 좋아요.

▶▶ 그래서, 타일러가 준비한 표현은?

444

Thanks for rubbing it in my face.

* **해석** 내 얼굴에 문질러줘서 고마워요.

Check!

* Thanks for rubbing it - 그걸 문질러줘서 고마워요
* In my face - 내 얼굴에

타일러 Tip

오늘 표현은 약간 비꼬듯이 말해야 그 느낌이 살겠죠? 그리고 영철 형이 말한 'Wounds'가 들어가는 표현은 'Way to rub salt in my wounds.(상처난 된 소금을 문지르는 격이야.)' 이렇게 쓰면 돼요. 이 표현이 변형돼서 오늘 표현이 된 거란 거, 기억하세요!

주면 주는 대로 드세요.

바로 듣기

저희 식구들 입맛이 폭발했는지 요새 이거 해 달라 저거 해 달라 요구사항이 너무 많아요. 그럴 때면 저도 힘드니까 그냥 주면 주는 대로 먹으라고 한마디 해주고 싶어요.

'You have to eat. You don't have a choice.(넌 먹어야만 해. 선택의 여지가 없어.)'

이렇게 말하진 않을 것 같아요. 대신 식당에서 음식을 주는 행위를 'Served'라고 하잖아요. 그걸 넣어보세요.

'If I served, you just eat it.(내가 대접하면 그냥 먹어.)'

재밌는 표현이네요. 좋은 시도예요. 여기서 좀 더 직설적으로 말해볼까요? 명령을 하려면 어떻게 해야 할까요?

▶▶ 그래서, 타일러가 준비한 표현은?

445

Eat what you're served.

* **해석** 대접 받은 것을 드세요.

Check!

* Eat - **드세요**
* What you're served - **당신이 대접 받은 걸**

타일러 Tip

비슷한 표현으로 'Be happy you got something at all.**(네가 받고 있는 모든 것에 기뻐해라.)' 혹은 오늘 표현 뒤에** 'or go hungry'**를 붙여서,** 'Eat what you're served or go hungry.**(주는 대로 먹어, 아니면 굶든가.)' 이렇게 쓰기도 한답니다.**

당신 너무 느끼해요.

외국인 선생님이 어디서 한국어를 배웠는지, 너무 느끼해요. 닭살 돋는 멘트도 자주 쓰는데, 너무 느끼하다고 한마디 해주고 싶어요.

'You're so oily.(너 너무 기름져.)'

사람에게 'Oily'를 쓰진 않아요.

'You're so greasy.(너 너무 느끼해.)'

쓸 순 있을 것 같은데, 'Greasy'라는 단어가 너무 옛날식 표현이에요.

▶▶ 그래서, 타일러가 준비한 표현은?

446

You're so cheesy.

* **해석** 당신은 너무 오글거려요.

Check!

* You're so cheesy - 당신은 너무 오글거려요

타일러 Tip

'Cheesy'는 '치즈냄새가 나는', '느끼한', '오글거리는' 이런 뜻의 단어에요. 'Cheese'에서 온 단어이긴 한데 정확한 유래는 잘 모르겠어요. 여하튼 느끼하고, 오글거리고, 닭살 돋는 것은 모두 'Cheesy'로 표현하면 됩니다.
참고로 'You're so cheesy' 대신 'It's so cheesy'로도 쓸 수 있습니다.

가을 가기 전에 만나요.

바로 듣기

우리나라 사람들이 많이 쓰는 표현이 있잖아요. 가을 가기 전에 만나자, 올해 가기 전에 밥 먹자 등등… '가을 가기 전에 만나자'는 표현은 어떻게 말하면 될까요?

'Let's meet before winter.(겨울 전에 만나자.)'

이것도 맞지만 오늘 표현은 가을 가기 전에 만나자는 거죠. 겨울은 안 나왔어요.

'Let's meet before fall.'

가을이 지나간다, 끝난다는 말이 들어가야죠?

▶▶ 그래서, 타일러가 준비한 표현은?

447

Let's meet before fall is over.

* **해석** 가을이 끝나기 전에 만납시다.

Check!

* Let's meet - **만나요**
* Before fall is over - **가을이 끝나기 전에**

비슷한 표현으로 'Let's meet before fall ends'도 쓸 수 있어요.
영철 형이 말한 것처럼 'Winter'를 넣으면 약간의 의미 차이가 생기는데요. 겨울 오기 전에 보자는 건 겨울이 추우니까 나가기 싫다는 의미가 담겨 있고, 가을 가기 전에 보자는 건 가을을 놓치기 싫으니까 꼭 보자는 의미가 담겼다고 생각할 수 있겠죠?
'Before'를 넣은 다양한 문장들, 마음껏 응용해보세요!

구차하게 굴지 마세요.

어학연수까지 다녀왔지만 영어를 잘 못합니다. 제가 이런 저런 핑계를 대니까 친구들이 구차하다고 하는데, 이 기회에 친구들을 위해 '구차하게 굴지 말라'는 표현을 배워두고 싶어요.

'Wow, I hate your excuse.(와우, 네 변명이 싫어.)'

하하하. 너무 센 말 같은데요. 다시 시도해보세요.

'Too many excuse.(변명이 너무 많아.)'

나쁘지 않네요. 그런데 '그렇게 변명하는 네가 불쌍하다'는 식으로 말해보는 게 어떨까요?

▶▶ 그래서, 타일러가 준비한 표현은?

448

So pathetic.

* **해석** 너무 구차하네요.

Check!

* So - 너무
* Pathetic - 구차하다, 한심하다

타일러 Tip

'Pathetic' 단어의 원래 뜻은 이게 아닌데 요즘은 '애처로운', '한심한', '불쌍한' 이런 뜻으로 많이 쓰이고 있어요. 'Pathetic!!'라고만 말해도, 구차하다는 의미가 전달이 됩니다. 그 외에도 'That's pathetic', 'That's so pathetic', 'How pathetic' 등등 다양하게 쓸 수 있으니까 'Pathetic'이란 단어를 잘 외워두세요.
근데 너무 무례하고, 센 표현이 될 수도 있기 때문에 이 표현을 쓸 때는 조심스럽게 써야 해요. 아무한테나 쓰면 안된다는 점 기억하세요!

절대 넘어가지 않을 거예요.

홈쇼핑을 보면 왜 그렇게 마음이 흔들리는지, 근데 이번 달 적자라서 절대 홈쇼핑에 안 넘어갈 거라고 저 스스로에게 해줄 수 있는 말 있을까요?

'I don't buy.'

'I won't buy'나 'I'm not gonna buy'라고 해야, 절대 안 살 거라는 의미가 돼요. 영철 형이 말한 'I don't buy'는 '믿을 수 없다'는 의미의 표현이에요.

'I'll never not buy.'

'Never'와 'Not', 부정어가 두 개 들어가 있어서 헷갈려요. 그래서 'I'll never not buy'라고 하면 '무조건 살게요'라는 뜻이 되거든요.

▶▶ 그래서, 타일러가 준비한 표현은?

449

Not going to fall for that one.

* **해석** 그것 때문에 절대 속지 않을 거예요.

Check!

* Not going to~ - ~하지 않을 거예요
* Fall for that one - 그것에 넘어가다, 빠지다

타일러 Tip

좀 더 간단하게 표현하려면 그냥 'No thank you'라고 해도 돼요. 그리고 오늘 문장에서 'I'm'이 맨 앞에 생략됐죠? 요즘은 이렇게 많이 생략하는 추세입니다.
그런데 저도 정확히 언제 생략해도 되고 생략하면 안 되는지를 설명하기 애매해요. 그러니 미드와 뉴스, 팟캐스트 등 다양한 매체를 많이 보고 들은 다음에 생략하는 표현에 도전해보시길 바랍니다.

살얼음판을 걷는 기분이에요.

바로 듣기

후배가 실수를 해서 회사 분위기가 장난 아니에요. 외국인 직원이 분위기가 왜 이러냐고 묻길래, 살얼음판을 걷는 기분이라고 말해주고 싶은데 살얼음을 알까요?

'I feel like I'm walking on ice.(나는 얼음 위를 걷는 기분이야.)'

근데 얼음을 걷는 거랑 살얼음판은 다르잖아요.

그럼 'Thin ice'는 어때?

음… 물론 그렇게 하면 말은 통하지만 제가 준비한 표현은 아니에요.

▶▶ 그래서, 타일러가 준비한 표현은?

450

It's like walking on eggshells.

*** 해석** 그건 마치 달걀껍질 위를 걷는 것 같아요.

Check!

* It's like~ - 그건 ~같아요

* Walking on eggshells - 달걀껍질 위를 걷는

타일러 Tip

'살얼음'이란 말 대신 영어에선 'Eggshells(달걀껍질)'을 쓴다는 게 재밌죠?
비슷한 표현인 'Everyone's walking on eggshells(다들 달걀껍질 위를 걷고 있어/다들 살얼음판을 걷고 있어)'도 함께 알아두세요!

복습하기

- 나 닭살 돋았어요.
- 죄송한데, 먼저 지나갈게요.
- 남는 건 사진밖에 없어요.
- 이 자리에 함께해서 영광입니다.
- 그동안 마음고생 좀 했어요.
- 당신은 잘할 수 있어요.
- 당신 하고 싶은 거 다 하기로 해요.
- 세 살 버릇이 여든까지 가요.
- 불난 집에 부채질하지 마세요.
- 주면 주는 대로 드세요.
- 당신 너무 느끼해요.
- 가을 가기 전에 만나요.
- 구차하게 굴지 마세요.
- 절대 넘어가지 않을 거예요.
- 살얼음판을 걷는 기분이에요.

복습하기

- I got the goosebumps.
- Excuse me.
- A picture's worth a thousand words.
- It's an honor to be here.
- I was going through a hard time.
- You're going to do great.
- Let's do whatever you want.
- Old habits die hard.
- Thanks for rubbing it in my face.
- Eat what you're served.
- You're so cheesy.
- Let's meet before fall is over.
- So pathetic.
- Not going to fall for that one.
- It's like walking on eggshells.

[부록]

김영철의 영어 공부 꿀팁

영어 공부하는 분들에게 제가 꼭 강조하고 싶은 게 있어요. 바로 틀리는 걸 두려워하지 않기! 의사소통하기 위해 외국어 공부를 하고 있는데 정작 입을 떼는 게 무섭다면 외국어를 배울 필요가 없겠죠. 해도 후회, 안 해도 후회라면 우리 한 번 해봅시다!
제가 영어 공부하면서 느낀 건 미국인도 영어를 할 때 틀린다는 거예요. 원어민도 틀리는데, 외국인인 우리가 틀리는 건 너무 당연하지 않나요? 그래서 저는 완벽한 영어를 포기하고 그때부터 문법이 파괴된 영어라도 생각나는 대로 막 뱉기 시작했어요. 그리고 그때부터 영어 실력이 쑥쑥 상승했답니다! 막 던지세요. 오늘이 미국인과의 마지막 대화인 것처럼.
이 점을 꼭 기억해주시고, 지금부터 제가 영어 공부하면서 활용했던 것들 중에서 정말 추천하고 싶은 매체나 채널, 그리고 몇 가지 팁들을 알려드릴게요!

TIP 1 CNN보다 팬클럽 페이지를 활용하라!

영어뿐만 아니라 외국어 공부하는 많은 사람이 뉴스 채널로 공부하잖아요? 영어 공부를 할 때도 CNN이나 AFKN으로 공부하는 사람들을 많이 봤어요. 하지만 배경지식이 없거나 모르는 단어는 절대 귀에 들리지 않더라고요. 그래서 저는 초보자는 우선 자신의 흥미와 관심 분야로 듣기를 시작할 것을 추천하고 싶어요! 예를 들어 좋아하는 외국 배우가 있다면 영어로 된 팬클럽 홈페이지에서 그

배우의 소식을 접해본다든지, 좋아하는 외국 운동선수가 있다면 그 선수의 공식 사이트에서 경기 일정 등을 확인하는 식으로 접근해보는 걸 추천합니다! 이렇게 관심분야, 취미활동의 10퍼센트를 영어로 접해보세요. 한글로 읽어도 어려운 내용, 모르는 단어들이 많이 나오는 뉴스보다 훨씬 듣기가 잘 될 거예요.

TIP 2 넷플릭스로 핵심표현 습득하기!

제가 영어가 언제 많이 늘었나 생각해봤더니 바로 미드랑 영화를 볼 때였더라고요. 근데 요즘 미드와 영화로 영어 공부하기 정말 좋은 플랫폼이 있잖아요! 바로 넷플릭스요! 한 달에 월 1만 원 정도만 내면 미국 드라마는 물론이고 영화, TV쇼, 다큐멘터리까지 모든 영상을 다 볼 수 있어요. 대박 아닌가요?

그중에서 제가 정말 추천하고 싶은 드라마는, 영어 공부 하는 분들이 이미 많이 활용하고 있는 드라마인데요. 바로 〈프렌즈〉예요. 영어 공부용으로 미드를 고를 때 가장 중요하게 봐야 할 점이 쉽고, 일상적인 언어 사용이 많고, 무엇보다 재미가 있어야 하거든요! 이 세 가지를 모두 충족시켜주는 드라마가 〈프렌즈〉랍니다! 그리고 조금 오래된 영화이기는 하지만 영화 〈노팅힐〉도 추천하고 싶어요. 이 영화에는 영국식 발음과 미국식 발음이 동시에 나와서 영어 교과서라고 해도 과언이 아니에요.

추가로, 미드로 영어 공부할 때 제가 꼭 강조하고 싶은 게 있어요!

1. 미드 보면서 반드시 한 회당 한 표현은 내 걸로 만들자!

미드를 보면서 한 에피소드에 나오는 모든 대사를 처음부터 통째로 배우려고 하면 금세 지치게 돼요. 한 회당 한 가지 표현만, 특히 포인트가 되는 핵심표현 하나씩만 익히자는 마음으로 여유롭게 공부해야 즐겁게 오래 공부할 수 있답니다!

처음에는 자막의 도움을 받아 4~5회 정도까지 편안하게 감상하면서 드라마의 인물, 구도, 줄거리 등을 파악해보세요. 줄거리가 어느 정도 파악이 되고 나면 자막 없이 시청하거나 타일러가 알려준 대로 영어 자막을 켜놓고 보기 시작하는 거예요.

그런 식으로 미드에 빠지다 보면 어느 순간 《진짜 미국식 영어》에서 배웠던 표현들을 발견하게 될 거예요. 예를 들어 이번 3권에서 소개한 'Wow(어이가 없네)' 같은 표현들 말이죠. 《진짜 미국식 영어》와 함께 공부하면, 들리는 표현도 더 많아지겠죠?

그리고 미드 영어 공부의 장점은 감정 이입이 가능하다는 것! 연습할 때는 성대모사 한다고 생각하고 감정 이입을 해서 최대한 원어민처럼 발음하려고 노력해보세요. 여기서 중요한 건 톤은 무조건 올려서 연습하세요. 조금 오버스럽게 느껴질 정도로 해야 원어민 느낌에 더 가까워지니까요.

2. 미드가 어렵다면 관심 분야의 리얼리티 프로그램으로!

미드, 영화뿐만 아니라 제가 추천하고 싶은 영상은 리얼리티 쇼예요. 많은 분들이 리얼리티 쇼로 공부하는 건 어려울 거라 생각하는데, 리얼리티 쇼는 분야가 딱 정해져 있기 때문에 오히려 단어나 표현들이 어느 정도 예측이 가능하기 때문에 더 잘 들려요. 또 그 리얼리티 쇼가 여러분의 관심 분야를 다룬 프로그램이라면 더 즐겁게 공부할 수 있겠죠! 저 역시 한때 〈아메리칸 아이돌〉, 〈아메리카스 넥스트 탑모델〉로 듣기 공부에 속도를 붙였답니다. 모두가 잘 알고 있듯이 영어 회화에서 가장 중요한 건 듣기예요. 재미가 없으면 듣기 공부를 지속할 수 없어요. 미드에 흥미를 느끼지 못한다면 관심 분야의 리얼리티 쇼도 한 번 공략해보기를 바라요.

TIP 3 중앙데일리 영자 신문도 구독하고 덤으로 <뉴욕타임즈>까지!

아무리 영어 공부를 열심히 한다고 해도 영자 신문을 다 읽으며 공부할 수는 없어요. 내용이 어려운 건 물론이고 그렇다 보니 영자 신문을 읽는 데는 시간이 엄청 오래 걸리거든요. 그러다 보면 또 지쳐서 포기하게 돼요. 그래서 저는 누구나 다 아는 국내 뉴스 한두 개 정도를 'Pick' 한 후에 그에 대한 영자 신문 기사를 읽는 방법을 추천해요. 뉴스 내용을 대충 이해한 상태에서, '아! 그게 영어로는 이렇게 표현되는 거구나' 하면서 알아가는 거죠.

그리고 <뉴욕타임즈>는 헤드라인을 보면서 '해외에는 이런 일이 있구나'라고 대충 먼저 확인하는 게 좋아요. 그러다 좀 쉬운 헤드라인을 발견하면 그때 리딩을 시작하는 거죠. 영자 신문을 보는 게 처음에는 조금 어려울 수 있지만 상상 외로 도움이 정말 많이 된답니다.

"Reading is best way to learn English!"

TIP 4 영어 공부의 또 다른 스팟, 팟캐스트!

팟캐스트에 접속해서 'English'라고 검색하면 다양한 영어 관련 팟캐스트 방송을 들을 수 있는데요. 팟캐스트는 '진·미·영' 아니냐구요? 하하하! 그건 기본이죠.

그런데 BBC에서 제공하는 영어 공부 콘텐츠를 팟캐스트에서도 들을 수 있다는 거 아시나요? 그중에서 제가 추천하는 건 바로 이거예요!

6Minute English

6분 동안 한 주제에 대해서 이야기를 나누고 마지막에는 그날의 '핵심 표현'을 다시 한 번 짚고 넘어가는 형식의 프로그램이에요.

매주 목요일 업데이트 되는데, 짧은 시간과 흥미로운 주제를 다루고 있어서 지루하지 않게 공부할 수 있어요. 그리고 각 콘텐츠의 스크립트 PDF와 음성 파일도 함께 지공이 되니 듣기 공부에 정말 도움이 많이 된답니다!

The English we speak

이건 더 짧아요! 3분 내외로, 실생활에 자주 쓰이는 단어나 문장을 일주일에 한 개씩 친절하게 알려주는 프로그램이에요. 다양한 예문을 상황 대화로 구성해서 이해하기도 쉽답니다! 이 프로그램도 스크립트가 함께 제공되니 보면서 들으면 더 도움이 되겠죠?

이 두 팟캐스트는 '진·미·영'처럼 6분, 3분 정도의 분량이라 시간이 딱 좋아요. 당연히 무료고요. 아이폰 사용자는 팟캐스트로도 들을 수 있답니다! 참고로, 'BBC Learning English' 어플을 다운로드하면 위 두 프로그램 외에도 영어의 새로운 세상을 보실 수 있어요. 더 알려지기 전에 빨리빨리 Click!!!!

TIP 5 내가 아는 내용의 뉴스를 영어로!

영어로 국내 뉴스를 듣고 싶지 않나요? '어, 이거 내가 아는 내용인데? 어? 나 들려들려 이해 돼!!' 할 수 있는 'KBS World Radio News English'가 있습니다. 진짜 들을 게 많죠? 이건 어플로 다운받아 들으시면 더 편리하게 들을 수 있어요.
그 외에 국내 라디오로 영어 공부가 가능한 주파수도 알려드릴게요! '또 '김영철의 파워fm'이야?' 하시겠지만 No, no, no!! 'TBS eFM 101.3 MHz' 라디오 주파수를 맞춰보세요. 물론, 철파엠 끝나고 말이죠. 하하.

그리고 영어 공부에 빼놓을 수 없는, 아리랑 라디오도 들어보셨죠? 아리랑은 제주 쪽에서만 주파수가 잡히고, 그 외 지역에서는 어플을 다운받아 들을 수 있어요. 또 아리랑TV도 한국 드라마나 한국 예능 프로그램에 영어 자막을 앉혀놔서 많은 도움이 된답니다!

타일러의 영어 공부 꿀팁

TIP 1 가장 먼저 영어에 대한 부담감을 없애야 됩니다

한국 사람들은 1월 1일부터, 혹은 다음 달 1일부터, 방학 시작하면… 이렇게 시기를 정해놓고 영어 공부를 시작하려고 해요. 하지만 영어는 시기나 공부의 양을 정해놓고 하는 것보다 그때그때, 쉽고 편하게 시작해야 부담감이 없어집니다.

좋아하는 원서나 방송들을 수시로 들여다보고, 편하게 시작하는 게 중요해요. 그렇지 않으면 평생의 숙제 같고, 다른 사람들은 다 해결했는데 나만 아직 못 푼 문제처럼 느껴져서 영어에 더 거리감을 느끼게 되고, 시작조차 부담스러워질지 몰라요. 영어 공부에서 가장 중요한 첫 번째는 영어에 대한 부담감을 없애는 겁니다.

TIP 2 한국식 표현을 직역하려고 하지 마세요

'진짜 미국식 영어'를 진행하면서도 많이 느꼈는데요. 사자성어나 속담, 혹은 한국식 표현을 영어로 옮길 때, 한국어의 어순이나 단어를 그대로 바꾸는 사람들이 많은 것 같아요. 예를 들어, '꿩 대신 닭'이라는 속담을 말할 때, 그대로 직역해서 표현하면 다른 나라 사람들은 전혀 알아듣지 못해요. 영어뿐만 아니라 다른 나라의 언어를 공부할 때는 단어를 외우는 것보다 상대의 문화를 파악하는 게 먼저 이뤄져야 합니다. 상대방의 문화권에선 '꿩'이나 '닭'을 모를 수도 있지 않겠어요? 그러니까 그 말을 어떤 식으로 설명하면 좋을지, 비유적인 표현이라면 그 말이 의도하는 바가 뭔지를 항상 먼저 고민해야 돼요. 한국식 관용구를 영어로 설명하려 할 때는 그 의미를 풀어서 설명하거나 의미가 전달될 수 있도록 다르게 표현할 수 있는 방법을 고민하길 바랍니다. 이 책을 통해서도 많이 느끼셨겠지만 이런 연습을 하다 보면 복잡하게 설명하지 않아도, 정말 간단하게 영어로 의미를 전달할 수 있는 표현이 많다는 걸 알게 되실 거예요. 그렇게 하다 보면 전달하고 싶은 말을 영어로 표현하는 데 느꼈던 두려움이 정말 많이 사라질 거예요!

TIP 3 좋아하는 영역의 영어를 찾아보세요

일반적으로 한국 사람들은 영어 공부를 할 때 서점에 가서 영어책을 산 뒤 첫 페이지부터 공부를 시작하는데요. 그러다 보니 영어책 한 권을 끝까지 공부하는 사람은 많이 없다고 하더라고요. 막연히 책으로 공부를 시작하기보다는 책이든 유튜브든 TV 프로그램이든 자신이 좋아하는 분야에서부터 영어 공부를 시작하세요. 그래야 흥미도 생기고 더 재밌어져요. 스포츠를 좋아한다면 스포츠 중계를 보고, 드라마를 좋아하면 미드를 보면서 영어에 먼저 익숙해지세요. 단! 이때는 자막이나 해석을 보지 말고 영어로 듣기부터 먼저 해야 합니다. 처음엔 영어가 안 들리겠지만 그렇게 끊임없이 좋아하는 분야의 영어와 접촉하다 보면 어느 순간, 정말 신기하게 조금씩 조금씩 들릴 때가 올 거예요. 그때 느끼는 쾌감이 영어 공부에 재미를 붙이게 해주고, 자신감도 생기게 해준답니다. 어렵고 딱딱하게가 아닌, 재미에 가속도를 붙여줄 수 있게, 그렇게 영어 공부를 시작하는 겁니다.

TIP 4 자기만의 영어를 만드세요

한국 사람들도 한국말을 할 때 항상 완벽한 문장을 쓰는 건 아니잖아요. 때로는 주어를 생략하기도 하고, 말을 줄이기도 하는 것처럼 영어도 완벽한 문장으로 말할 필요는 없어요. 대신 자신감이 중요하겠죠? 어떤 언어든 여러 상황에서 직접 표현해보고 써먹어봐야 비로소 내 것이 되는 것처럼 영어도 마찬가지예요. 혼잣말이라도 영어로 자주 말해보고, 그날 배운 표현은 어디든 써먹어 보고, 그러면서 자기만의 것으로 만들 필요가 있어요. 틀려도 좋아요. 그렇게 끊임없이 시도하다 보면 조금씩 정확한 문장을 찾아가게 되고, 영어로 내뱉는 걸 두려워하지 않게 되면 조금씩 영어가 자연스럽게 입에 붙기 시작할 거예요. 그럼 영어를 내 것으로 만들 수 있습니다. 언어를 배우는 건 그 언어를 자기 목소리로 찾아가는 과정이라는 점 꼭 기억해주세요.

하루 5분 국민 영어과외
김영철·타일러의 진짜 미국식 영어 3

초판 1쇄 발행 2019년 1월 22일 **초판 12쇄 발행** 2024년 7월 1일

지은이 김영철, 타일러 **자료정리** 김수연
펴낸이 최순영

출판2 본부장 박태근
W&G 팀장 류혜정
디자인·일러스트 this-cover.com

펴낸곳 ㈜위즈덤하우스 **출판등록** 2000년 5월 23일 제13-1071호
주소 서울특별시 마포구 양화로 19 합정오피스빌딩 17층
전화 02) 2179-5600 **홈페이지** www.wisdomhouse.co.kr

ISBN 979-11-89709-60-0 13740